건축가가 사는 집

나카무라 요시후미 지음

정영희 옮김

design house

1996년 초여름의 일이었습니다. 편집자인 친구와 나는 단골 술집에서 마감 축하주를 주고받고 있었습니다. 함께 몰두하던 긴장감 넘치는 잡지 일을 끝냈기 때문이었지요. 두서없는 이야기를 나누다가 각자의 일에 대한 화제로 넘어갔을 때, 저도 몰래 이렇게 중얼거렸습니다.

"아아, 곧 쉰 살이 되는군(당시 마흔일곱이었습니다). 서른둘에 독립한 후부터 지금까지 한눈 한번 팔지 않고 주택을 설계해왔어. 하지만 그 작업들이 정말 괜찮았던 건지 어떤 건지…. 쉰이 되기 전에 학생 시절 동경했던 20세기 명작 주택을 내 눈으로 보고 싶어. 내가 하는 일을 객관적으로 돌아보는 의미에서도 말이지."

그러자 친구 얼굴에서 웃음기가 싹 사라지더군요. 친구는 제 얼굴을 진지하게 바라보며 이런 말을 했습니다.

"그 정도로까지 생각하고 있었다면, 르포 형식의 견학기를 써보는 건 어떨까? 네가 좋아하는 그 명작 주택들을 방문해서 말이야. 네가 그럴 생각이 있다면 연재 페이지를 기획할게."

그리고 갈팡질팡하던 사이 그 기획이 실현되기에 이르렀습니다. '표주박에서 망아지가 나온'(의도하지 않은 일에서 뜻밖의 결과가 나옴을 일컫는 일본 속담-옮긴이) 셈이었지요. 그렇게 1996년 가을부터 2000년 6월까지 3년 반 동안 〈콘포르토〉라는 잡지에 '주택 순례'라는 제목으로 연재를 하게 되었습니다. 세계 각지에 있는 '내 마음의 건축'을 방문해 견학기를 썼습니다.

그 연재를 통해 방문한 나라는 일본 이외에도 미국, 멕시코, 프랑스, 이탈리아, 스위스, 덴마크, 스웨덴, 핀란드 등 8개국이었고, 20세기 주택사에 빛나는 총 열일곱 채의 명작 주택을 돌아볼 수 있었습니다.

연재 중에는 무아몽중無我夢中이라 몰랐지만, 연재가 끝나자 깨닫게 된 것이 있었습니다. 내가 다룬 열일곱 채의 집 중 여덟 채가 건축가 자신의 집, 즉 자택이었다는 사실입니다. 그리고 그와는 별도로 준자택 성격의 주택(예를 들어 모친을 위한 집이라든가 다 짓고 난 후 건축주에게 양도받아 건축가 자신이 그 집에 살고 있다든가 하는)도 세 채가 있었습니다. 즉 열일곱 채 중 열한 채가 자택 혹은 자택과 비슷한 성격의 주택이었다는 겁니다.

이 사실을 통해 건축가 자택 중에 걸작이 많다는 걸 알게 되었습니다. 아마 평소와는 달리 건축주의 안색을 살필 필요도 없고, 자신의 신념대로 마음껏 실력을 발휘할 수 있다는 것이 그 요인 중 하나일지도 모르겠습니다. 또 건축가는 자택을 설계하면서 이상이나 사상, 신념뿐만 아니라 지식, 경험, 기술, 아이디어, 감각, 미학, 그리고 때로는 인생관, 재능, 인품에 이르기까지 모든 것을 남김없이 표명할 수 있습니다. 이 역시 걸작을 탄생시키는 조건으로 들 수 있을 테지요.

　　건축가의 자택에 걸작이 많다는 것이 외국에만 한정된 이야기는 아닙니다. 일본도 마찬가지지요. 주택 작품 걸작 중 상당수가 건축가의 자택입니다. 후지이 고지藤井厚二, 쓰치우라 가메키土浦亀城, 요시무라 준조吉村順三, 무라노 도고村野藤吾, 마에카와 구니오前川國男, 마쓰자와 마코토増沢洵, 다니구치 요시로谷口吉郎, 세이케 기요시淸家淸, 단게 겐조舟下健三, 안토닌 레이먼드, 시라이 세이치白井晟一 같은 건축가부터 시작해, 아즈마 다카미쓰東孝光, 이토 도요오伊東豊雄, 나이토 히로시內藤廣까지, 너무 많아 일일이 셀 수 없을 정도니까요. 그야말로 "건축가는 자택에 의해 기억된다"라는 말 그대로입니다.

　　7년 전, 〈이낙스 리포트〉라는 건축 계간지에 건축가 자택을 찾아가는 칼럼을 시작할 무렵 남몰래 세운 두 가지 방침이 있었습니다. 그 하나는 '건축가의 자택이라면 바로 이 사람'이라고 할 만한 단골 등장인물뿐만 아니라 숨겨진 명작, 수작, 가작을 가능한 한 많이 찾아갈 것. 또 하나는 건축가의 사상이나 테마라는 표면상의 원칙은 잠시 접어두고 본인이 설계한 자택에서 만족스레 쉬고 있는 모습이라든가 건축가와 그 가족이 살아 있는 인간으로서 생활하는 '진짜 모습'을 놓치지 말자는 것입니다.

　　3년 약속으로 시작한 연재의 마지막이 슬슬 보이기 시작할 무렵, 연재를 좀 더 계속해줄 수 없느냐는 권유를 받았습니다. 해외의 명작과 수작도 꼭 방문해보고 싶다는 생각을 예전부터 하고 있었기에 '그것이 가능하다면'이라는 조건으로 연재를 계속하게 되었습니다. 매번 마감 막판까지 몰려 악전고투하는 저이지만 말이지요. 결국 연재는 6년간 계속되었고, 총 스물네 채의 건축가 자택을 방문했습니다. 그리고 그 스물네 채의 주택을 모아놓은 것이 바로 이 책이지요. 이번 책의 제목을 일본어로 하면 좋겠다는 출판사의 주문이 있었기에 'Architect at Home'이라는 칼럼 제목을 제 나름대로 의역해 '건축가가 사는 모습(원서명《建築家のすまいぶり》-옮긴이)'이라고 정했습니다.

　　건축가 자택의 명작이 가득 실린 이 책을 집에서 휴식을 취하는 편안한 기분으로 즐겨주시길 바랍니다.

나카무라 요시후미

contents

CASA Kを1920年代の

prologue ___ 4

중심이 있는 집-아베 쓰토무 ___ 8

오카야마의 집-가미야 아키오 ___ 22

적층積層의 집-오타니 히로아키 ___ 36

VEEN-기라 모리코 ___ 48

지그 하우스/재그 하우스-후루야 노부아키 ___ 64

삿포로의 집-가토노 데쓰 ___ 76

노시로의 주택-나야 마나부, 나야 아라타 ___ 88

다나카 레지던스-다나카 겐 ___ 102

카사-K-고바야시 다케시 ___ 116

푸foo-마쓰노 벤, 아이자와 구미 ___ 130

쓰쿠바의 집 I-고다마 유이치로 ___ 144

닐스의 페리보트 하우스-닐스 한센 ___ 158

도그 하우스-기노시타 미치로 ___ 172

가제보GAZEBO-야마모토 리켄 ___ 188

후추의 주택-사토 시게노리 ___ 204

양명산陽明山의 집-첸 뢰시엔 ___ 220

우리들의 집-하야시 쇼지, 하야시 마사코 ___ 234

숲 속의 외딴집-오다 노리쓰쿠 ___ 250

지테이而邸-이즈미 고스케 ___ 264

노빌라라의 집-와타나베 야스오 ___ 280

N하우스-나가야마 모리타카 ___ 296

분거分居-기노시타 요코 ___ 310

보통의 집-아카사카 신이치로 ___ 326

하우스 SA-사카모토 가즈나리 ___ 342

epilogue ___ 358

copy right ___ 359

오늘 밤 요리는 뭉근히 끓여낸 쇠고기 스튜.

아베 쓰토무阿部勤

중심이 있는 집

1974년 사이타마 현 도코로자와 시

"건축가는 원룸 건축으로 기억된다."

건축가 에리히 멘델존(1887~1953)이 한 말입니다. 평상복 안주머니 같은 데 몰래 넣어뒀다가 가끔 꺼내 나직이 중얼거려보고 싶은 함축적인 명언이지요. 건축을 좋아하는 사람이라면 그 원룸 건축 걸작의 다수가 건축가 자택이라는 사실을 이미 알아차리셨을 겁니다. 그렇습니다. 이 명언은 "건축가는 자택 건축으로 기억된다"라고 바꿔 말할 수 있습니다.

새롭게 연재하는 이 칼럼은 자택이라는 건축 작품의 건축적 평가가 아닌, 자택이 탄생하게 된 배경과 그 매력에 대해 내 멋대로 상상해보자는 취지입니다. 자택을 설계한 건축가를 찾아가 편안한 잡담을 나누어가면서 말이지요.

첫 번째로 만난 사람은 아베 쓰토무 씨입니다.

아베 씨가 쥐띠라는 것, 젊은이들이 썰렁해하는 시시한 말장난을 즐겨 한다는 것, 주거와 일상생활을 마음껏 즐기고 싶어 하는 사람이라는 것, 그리고 유머와 여유를 인생의 중심에 자리매김해두었다는 것 등 저와 여러 가지 공통점이 있는 데다, 으스대지 않고 싫은 걸 강요하지 않고 젠체하지 않는 성품이기에 제 마음대로 친한 친구처럼 대하는 건축가입니다(대선배님, 죄송합니다).

아베 씨가 30년 이상 살고 있는 집은 울창한 수목으로 뒤덮여 있었습니다. 외관을 차분하게 바라본 후 실내로 한 발 내디뎠을 때 머릿속에 제일 처음 떠오른 건 '동물의 보금자리'라는 단어였습니다. 그것도 작은 동물의 보금자리가 아닌, 몸집이 크고 유순한 동물의 보금자리. 그런 인상을 받은 건 성우처럼 윤기 있는 아베 씨의 낮은 목소리와 날카로운 눈빛을 한 얼굴에서 비롯된 연상 작용일지도 모릅니다(가끔 아베 씨 얼굴이 파블로 피카소와 똑같아 보이는 순간이 있습니다).

느타나무의 거대한 녹음 안에 몸을 숨기고 있는 건물.

정원 쪽에서 바라본 건물 모습. 혹시 여기가 발리였던가?

아마 저뿐만 아니라 그 집을 방문한 사람이라면 누구든, 보자마자 그곳이 '남자의 집'이라는 사실을 알아챌 수 있을 겁니다. 현재 아베 씨 혼자 살고 있다는 사실을 차치하더라도, 이상스레 이 주택에서는 여성이나 아이의 냄새가 풍기지 않습니다. 그렇다고 '홀아비 집'처럼 초라하다거나 지저분하고 누추한 느낌은 털끝만큼도 없습니다. 예전 이 집에 아름답고 청초한 부인이 계셨고(피아노 위에 장식되어 있던 사진으로 만나보았지요) 남자아이가 이 집에서 자랐으며 그 아이가 독립해 나갔다는 이야기를 들었음에도 그것을 실감할 수 없었습니다. 그보다 먼저 제가 사로잡힌 생각은 세상에는 '남자의 집'이라는 것이 있다는 사실이었습니다. 이슬람권 국가나 한국 등에 존재하는 '남자의 집'과 같은 기운이 아베 씨 자택에도 짙게 감돌고 있음을 느꼈던 것이지요.

그런 생각으로 실내를 다시 둘러보니 점점 더 그 생각에 확신을 갖게 되었습니다. 《아라비안나이트》에 등장하는 왕처럼 집 중심에 자리 잡은 아베 씨는 주변을 둘러싼, 자신이 사랑하는 것들의 섬김을 받고 있었습니다(가끔은 이 집을 방문한 묘령의 여성들도 받들어주겠지요). 또 그곳에는 일종의 할렘과도 같은 농후한 공기가 떠다니고 있었습니다. 그를 에워싼 것들 중 가장 선두에 선 것은 그 집을 구성하는 다양한 공간입니다. 밝은 공간, 어둑어둑한 공간, 좁은 공간, 높은 공간, 퍼져나가는 공간, 닫힌 공간, 막다른 공간, 콘크리트 공간, 나무로 둘러싸인 공간…. 그리고 그 공간 안에 신중히 선택한 잡화, 자질구레한 물건, 장난감, 가구, 집기, 그림, 골동품, 각종 악기, 책, 관엽식물 등이 자연스럽게 놓여 있습니다. 이런 것들은 실내뿐만 아니라 집 밖으로도 동심원처럼 퍼져 있으며, 최종적으로는 정원의 나무에 이르러 왕인 아베 씨를 완벽히 둘러쌉니다. 동심원의 확산은 벽의 개구부가 미묘하게 어긋나 있다거나 완벽하게 겹쳐 있다거나 하는 등, 개구부를 주의 깊게 배치해 무대장치용 벽을 몇 겹 세워둔 것 같은 효과를 냅니다. 일종의 속임수 그림처럼 말이지요.

1층 회랑. 사진 앞쪽이 작업 공간, 뒤쪽이 데이 베드.

중심이 있는 집(아베 쓰토무 자택)

밑그림 _ 아베 쓰토무
채색 _ 나카무라 요시후미

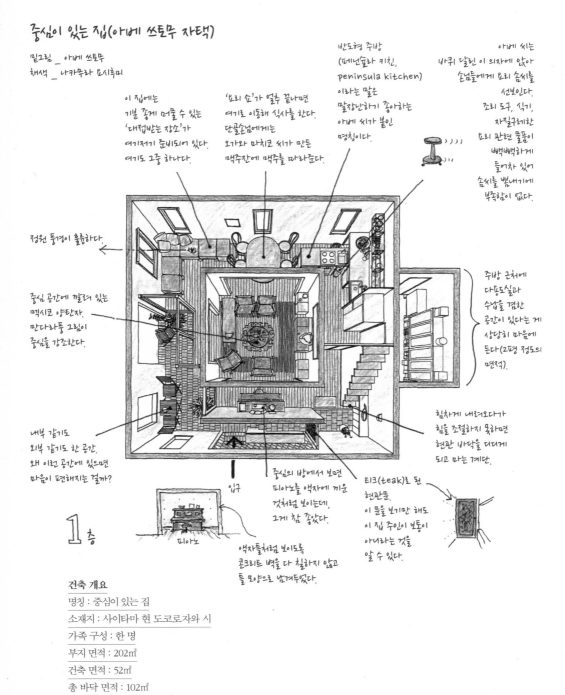

이 집에는
기분 좋게 머물 수 있는
'대접받는 장소'가
여기저기 준비되어 있다.
여기도 그중 하나다.

'요리 쇼'가 얼추 끝나면
여기로 이동해 식사를 한다.
단골손님에게는
오가와 마치코 씨가 만든
맥주잔에 맥주를 따라준다.

반도형 주방
(페닌술라 키친,
peninsula kitchen)
이라는 말은
말장난하기 좋아하는
아베 씨가 붙인
명칭이다.

아베 씨는
바퀴 달린 이 의자에 앉아
손님들에게 요리 솜씨를
선보인다.
조리 도구, 식기,
자질구레한
요리 관련 물품이
빽빽하게
들어차 있어
솜씨를 뽐내기에
부족함이 없다.

정원 풍경이 훌륭하다. ←

주방 근처에
다용도실과
수납을 겸한
공간이 있다는 게
상당히 마음에
든다(2평 정도의
면적).

중심 공간에 깔려 있는
멕시코 양탄자.
만다라풍 그림이
중심을 강조한다.

내부 같기도
외부 같기도 한 공간.
왜 이런 공간에 있으면
마음이 편해지는 걸까?

힘차게 내려오다가
힘을 조절하지 못하면
현관 바닥을 디디게
되고 마는 계단.

1층

입구

피아노

중심의 방에서 보면
피아노를 액자에 끼운
것처럼 보이는데,
그게 참 좋았다.

티크(teak)로 된
현관문.
이 문을 보기만 해도
이 집 주인이 보통이
아니라는 것을
알 수 있다.

액자틀처럼 보이도록
콘크리트 벽을 다 칠하지 않고
틀 모양으로 남겨두었다.

건축 개요

명칭	중심이 있는 집
소재지	사이타마 현 도코로자와 시
가족 구성	한 명
부지 면적	202㎡
건축 면적	52㎡
총 바닥 면적	102㎡
규모	2층
구조	철근 콘크리트+목조
설계	아베 쓰토무, 아르테크

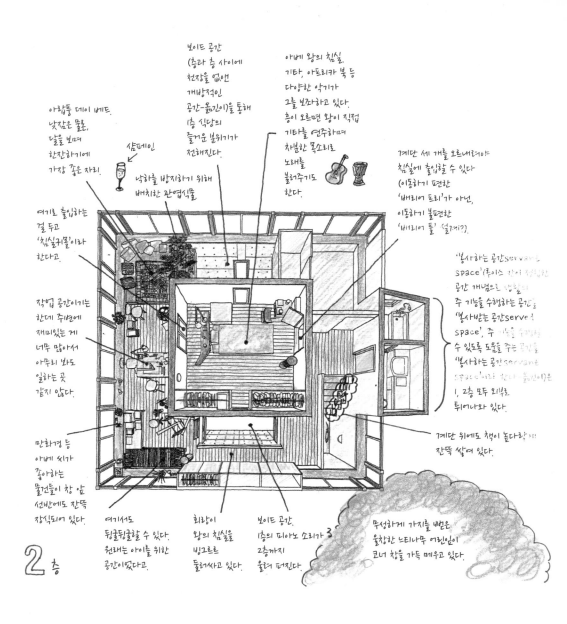

아침용 데이 베드. 낮잠은 물론, 달을 보며 한참하기에 가장 좋은 자리.

샴페인

낙하를 방지하기 위해 배치한 관엽식물

보이드 공간 (층과 층 사이에 천장을 없애면 개방적인 공간-움직임)을 통해 1층 식당의 즐거운 분위기가 전해진다.

아베 왕의 침실. 기타, 아프리카 북 등 다양한 악기가 그를 보좌하고 있다. 흥이 오르면 왕이 직접 기타를 연주하며 차분한 목소리로 노래를 불러주기도 한다.

계단 세 개를 오르내려야 침실에 출입할 수 있다 (이동하기 편한 '배리어 프리'가 아닌, 이동하기 불편한 '배리어 돌' 설계?).

'봉사하는 공간servant space'(루이스 칸이 정립한 공간 개념)은 생활의 주 기능을 수행하는 공간을 '봉사받는 공간served space', 주 기능을 수행할 수 있도록 도움을 주는 공간을 '봉사하는 공간servant space'이라 한다. 욕실이) 1, 2층 모두 외부로 튀어나와 있다.

여기로 출입하는 걸 두고 '침실귀물'이라 한다고.

작업 공간이기는 한데 주변에 재미있는 게 너무 많아서 아무리 봐도 일하는 곳 같지 않다.

만화경 등 아베 씨가 좋아하는 물건들이 창 앞 선반에도 잔뜩 장식되어 있다.

계단 위에도 책이 놀다랗게! 잔뜩 쌓여 있다.

2층

여기서도 뒹굴뒹굴할 수 있다. 원래는 아이를 위한 공간이었다고.

회랑이 왕의 침실을 빙그르르 둘러싸고 있다.

보이드 공간. 1층의 피아노 소리가 2층까지 울려 퍼진다.

무성하게 가지를 뻗은 울창한 느티나무 어린잎이 코너 창을 가득 메우고 있다.

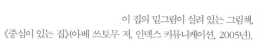

이 집의 밑그림이 실려 있는 그림책, 《중심이 있는 집》(아베 쓰토무 저, 인덱스 커뮤니케이션, 2005년).

이 집은 포개 넣을 수 있는 상자같이 구성되어 있어 중심성을 상당히 강조한 평면입니다. 하지만 머물 때 아늑한 느낌을 주는 '특등석' 방이기만 한 것이 아니라 주변을 감싼 회랑식 공간 여기저기에 실로 교묘하게 흩어져 있다는 사실을 특별히 언급하고 싶군요. 1층에는 앉아서(즉 '술을 마시면서'라는 말이지요) 조리할 수 있는, 아베 씨가 자랑하는 반도형 주방(조리대의 일부가 반도半島처럼 튀어나와 있는 주방의 형태-옮긴이)이 있고, L자형 소파가 놓인 친밀한 코너가 있으며, 나지막한 창밖으로는 베란다가 있습니다. 2층에는 본인이 좋아하는 것들로 둘러싸인 작업 코너와 뒹굴거리며 책을 읽거나 낮잠을 자고 싶게 만드는 아랍풍 데이 베드를 설치한 매력적인 공간도 있습니다. 그리고 그 어떤 공간에 있더라도 정원 풍경을 바라볼 수 있다는 것이 이 집만의 진수성찬입니다. 우거진 초목이 넋을 잃게 만드는 자연스럽고 소박한 정원이지요.

위 : 손님에게 요리 솜씨를 뽐내고 싶게 만드는 반도형 주방.
아래 : 침실 너머로 회랑과 정원을 바라본 모습.

1층 식당. 수평과 수직 양쪽 모두로 이어지는 공간이다.

자, 여기서 잠깐, 앞서 말씀드렸던 아베 씨의 썰렁한 말장난 이야기를 하고 넘어가겠습니다.

지난번 취재에서 그 강렬한 농담의 소나기 펀치를 맞았습니다. 아베 씨는 정중하게 건물 안팎을 안내해주셨습니다만, 어쩐지 말 잘하는 관광버스 안내양처럼 요소요소마다 준비해둔 농담이 있는 것 같았습니다. 방심하다가는 그 농담 펀치가 카운터를 날리듯 작렬하는 겁니다. 예를 들어볼까요? 회랑으로 빙그르 둘러싸인 2층 침실에 대해 설명한 후, 바닥에서 75센티미터 떨어진 개구부를 가리키고는 "여기로 드나들고 있어요"라고 아무렇지 않게 말하는 겁니다. 놀란 제가 엉겁결에 "이렇게 높은 데로요?"라고 묻자 아베 씨는 그 기회를 놓치지 않고 "네. 침실귀몰(신출귀몰)이라고 하잖아요"라고 대답하더군요(으이구 참!). 1층 다용도실 겸 수납방에서는 또 어땠고요. "딱 좋은 넓이네요"라고 감상을 말하니 점잔 빼는 얼굴로 "아, 그러니까 여기는 두 평 정도 됩니다. 잉여(四畳 요조, 다다미 네 장 크기의 방을 뜻하는 四畳와 잉어余剰의 발음은 둘 다 '요조'이다. 다다미 네 장은 두 평 정도 넓다―옮긴이) 공간이니까요"라고 대답하는 아베 씨입니다(어휴!).

이렇게 쓰고 나니 아베 씨를 '그저 그런 아저씨'라고 오해할 사람이 있을 것 같네요. 그래서는 안 되니 급하게 덧붙입니다. 사실 아베 씨의 이런 싱거운 말장난은 건축가라는 직업에 종사하는 사람이 자신이 한 일을 거창하게, 혹은 짐짓 자신을 거물인 듯 말하는 거북함, 혹은 그것을 경계하는 마음에서 나온 것이라고 봅니다. 자신의 재능을 숨기는 일종의 자기도회自己韜晦이며 성숙한 인간이 지니는 균형 감각이지요.

아마 아베 씨의 정신 구조 또한 고지식한 부분과 농담을 좋아하는 부분이 여러 겹 포개어지는 상자처럼 구성되어 있을 겁니다. 이 집처럼 말이지요. 그걸 알아채자 진지함이라고도 농담이라고도 할 수 없는 아베 씨만의 절묘한 대화법과 건축가의 장난감 상자 같은 이 주택을 마음속 깊이 즐길 수 있었습니다.

거실 앞 벤치에서 건축 회의 중인 가미야 아키오 씨와 나.
배경은 벼로 뒤덮인 푸른 논.

가미야 아키오神家昭雄

오카야마의 집

2003년 오카야마 현 오카야마 시

논 건너편으로 보이는 동쪽 외관.

저는 지방 강연회를 비교적 쉽게 수락하는 성격입니다. 여행을 좋아한다는 이유도 있지만, 그 지역 음식과 술을 맛보고 그 지방 사람들의 이야기에 귀 기울이며 실없는 수다에 흥겨워하는 것을 최고의 즐거움이라 생각하기 때문이지요.

2005년 2월, 오카야마에 갈 일이 생겼습니다. 오카야마의 건축인 모임과 건축가협회(JIA)에서 강연을 요청받았기 때문이지요. 강연을 마친 후, 예정대로 오카야마 건축가들과 유쾌한 친목회(=술자리)를 갖고 그대로 2차까지 달리고 말았습니다. 게다가 다음 날에는 아침 일찍부터 오카야마 건축가가 만든 건물을 돌아보는 '건축 견학회'까지 준비되어 있었지요. 정말로 대단한 환영이었습니다. 비록 수가 한정되어 있긴 했지만, 견학회에서 본 건물 모두 제 인상에 강하게 남았습니다.

그중에서도 민가의 낡은 창고를 디자인 사무소로 개축한 가미야 아키오 씨의 'MTT'라는 건축 작품이 상당히 볼만했습니다. 그 건물을 보고 있자니 가미야 씨가 제게 작은 과제를 내준 것 같은 기분이 들더군요. 좀 더 알기 쉽게 설명하면, 단숨에 보고 "좋았어"라는 말로 끝낼 수 없을 것 같은 기분이 들었다는 말입니다. 그리고 같은 기분을 'MTT'를 보고 난 직후 견학한 그의 자택 '오카야마의 집'에서도 느낄 수 있었습니다.

거실 너머로 보이는 논 풍경.
모내기 시기, 벼가 황금색으로 물드는 시기, 추수를 끝낸 후 초목이 말라가는 시기에
논 풍경에서 각각의 계절감을 맛보며 살 수 있다니, 이 얼마나 호사스러운가.

상부는
2층까지 뚫린
보이드 공간.

평고대 기초에 흙을 바른 벽
(중간 칠까지만 되어 있음).

가미야 씨의 스케치
(훌륭하군요!).

가미야 씨가 아니고서는
만들 수 없는 격자문.
높이도 절묘하다.

별
채
입
구.

연
꽃

철판 한 장으로
만든 선반은
필립 존슨에게 보내는 오마주일까?

멕시코 민예품 의자.

바닥에 떨어져 있는 연꽃임.
위치와 형태가
얄미울 정도로 완벽하다.

멱을 섞어 바른
모르타르 바닥.

오카야마의 집 입구 봉당 모습

30/Aug./2006
Kobun

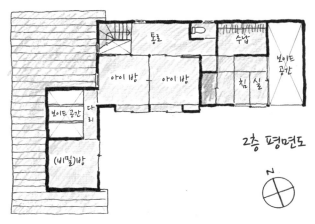

2층 평면도

(통로, 수납, 보이드 공간, 아이 방, 아이 방, 침실, 보이드 공간, 다리, (비밀)방)

N

1층 평면도

(주차장, 냉장, 피아노, 거실, 포치, 욕실, 세면, 주방, 식사, 벤치, 봉당 걸터앉기, 별채, 인공, 도로, 퇴마루, 논, 택배함나무, 특수입나무, 졸참나무, 단풍나무, 물별, 졸참나무, 동백나무, 졸참나무, 꽃가시나무, 철쭉나무)

건축 개요

명칭 : 오카야마의 집

소재지 : 오카야마 현 오카야마 시

가족 구성 : 부부+자녀 두 명

부지 면적 : 249.00㎡

건축 면적 : 92.77㎡

총 바닥 면적 : 135.19㎡

규모 : 2층

구조 : 목조

설계 : 가이먀 아키오 건축연구실

거실 상부의 보이드 공간. 2층에는 이 공간 옆에 부부 침실이 붙어 있다.

가미야 씨는 말수가 적으며 순박하고 온순한 인상에 성실하고 따뜻한 인품을 지닌 분입니다. 잠시 이야기를 나눈 것만으로도 건축에 대한 열정이 엄청나다는 사실을 알 수 있었지요. 건축물을 시찰하기 위해 해외에도 자주 나가고, 여행지에서는 거리 모습과 건축물을 잔뜩 스케치해 왔습니다. 게다가 그는 독서도 많이 하고 전람회나 영화관에도 자주 다니는 사람이었습니다. 이렇게 지식과 경험이 풍부하니 화제가 끊이지 않는 게 당연하겠지요. 눌변가인 가미야 씨와 재잘재잘 떠들어대는 타입인 저는 이상하게도 마음이 잘 맞았습니다. 몇 년 된 친구가 재회라도 한 듯, 만나자마자 서로 대화에 열중했으니까요(라고 쓰기는 했지만, 이건 제 일방적인 생각으로 가미야 씨가 어떻게 생각하실지는 잘 모르겠지만요).

자택 거실의 좀 낮은 듯한 창으로 밖을 내다보며 화기애애하게 이런저런 대화에 열중하던 중, 잠깐의 침묵을 사이에 두고 가미야 씨가 이런 말을 하더군요.

"이 집은 이쪽이 논을 바라보고 있어요. 여기는 모내기가 끝나고 일주일 정도 지났을 때 풍경이 정말 좋아요. 볏모 사이로 수면이 보이는데, 그게 정말 아름답거든요. 그때쯤 와서 주무시고 가지 않겠어요? 환영할게요."

옆에 있던 아내분인 도키요 씨도 꼭 그러라는 듯 얼굴 가득 웃음을 머금고 계셨습니다. 물론 제가 거절할 리 있겠습니까? "알겠습니다. 그럴게요! 올해 모내기 철에 꼭 다시 오겠습니다!"라고 기운차게 대답했습니다.

거기까지는 좋았지만, 모내기 철이란 의외로 짧았습니다. 딱 그 시기, 찰스 무어의 '시 랜치'에 묵기 위해 해외에 나가 있었기 때문에 기회를 놓치고 말았습니다. 하지만 올해(2006년)는 연재도 하기 시작했으니 논 구경과 취재 타이밍을 잘 맞춰야겠다는 계획을 세웠습니다. 그러나 올해 역시 모내기 철에 이탈리아에 가게 되어 또 한 번의 기회를 아쉽게도 놓치고야 말았습니다.

드디어 그 염원을 이루게 된 건 모내기 철이 아닌, 벼이삭이 물들기 시작한 8월의 끝 무렵이었습니다.

정원을 향해 개방되어 있는 식당과 오픈 키친.

일 년 만에 오카야마의 집을 찾았더니 가미야 씨 부부와 따님부터 시작해, 사무실의 젊은 직원들, 강연회 때 도와주셨던 여성 건축가분들이 북적북적 모여 환영해주셨습니다. 가미야 씨의 건축 사무실이 평소에 어떤 모습인지는 모르겠으나, 사무실 오너의 집에 모인 사원들에게서 긴장한 모습을 찾아볼 수 없었습니다. 마치 가족 같았지요. 감탄한 것은 그들이 그저 긴장을 풀고 있기만 한 게 아니라 주변 상황을 잘 살피고 부지런히 움직인다는 점 때문이었습니다. 한마디로 '센스가 있다'고나 할까요. 주방에서 열심히 일하는 아내분을 척척 돕는 모습을 보니 정말 기분 좋았습니다. 한편 가미야 씨는 본가에 다니러 온 효심 깊은 아들, 딸에게 존경받는 가장의 모습이었지요. 가미야 씨는 만족스러운 미소를 띠며 홀짝홀짝 잔을 기울였습니다.

오카야마의 집에서 주목할 만한 부분은 민가를 표본으로 한 방 배치와 건축 공법, 소재의 취급 같은 것들입니다. 아마도 이러한 집 구조가 대가족적인 인간관계나 그와 비슷한 분위기를 자아내기 쉽게 만드는지도 모르겠습니다. 바닥, 벽, 천장, 가구 등에서 풍겨 나오는 '그리운 분위기'는 사람과 사람을 친밀하게 묶어주는 작용을 한다고 바꿔 말해도 좋을 것 같네요.

밤이 깊어 술자리가 끝났습니다. 제가 묵었던 곳은 '별채'라고 불리는 다다미 여섯 장짜리 방이었습니다. 별채라고는 하지만 현관의 넓은 봉당을 사이에 두고 건너편에 있는 방이었으니 정확히 말해 '집 안에 있는 별채'라고 할 수 있지요. 현관에서 봉당으로 내려선 뒤에는 샌들을 신고 가게끔 되어 있기에 별채 느낌이 잘 살아나는 공간입니다. 이 집의 평면 계획 중 제 마음을 가장 많이 끌어당긴 부분이기도 합니다. 필립 존슨이 록펠러 부인을 위해 설계한 '타운 하우스'를 방문한 적이 있는데, 타운 하우스에서 침실로 가기 위해서는 중정中庭에 설치한 연못 징검다리를 건너가도록 얄미울 정도로 훌륭하게 연출되어 있었습니다. 그런데 이 봉당에서도 그와 비슷한 정취가 느껴지더군요. 그리고 보니 이 집 봉당 벽에는 철판 한 장을 수평으로 박아 넣은 샤프한 선반이 달려 있었습니다. 타운 하우스에도 비슷한 아이디어를 적용했으니, 어쩌면 이 부분은 필립 존슨의 타운 하우스에 바치는, 시공을 초월한 가미야 씨의 오마주인지도 모르겠습니다.

현관 봉당 갤러리 한쪽에 있는 '별채'의 일본식 방. 선과 면으로 구성된 날카롭고 늠름한 디자인이 특징이다.
거나하게 취한 상태였지만 나도 모르게 정신이 번쩍 들었다.

별채 입구 옆에는 연꽃 한 송이가 꽃병에 꽂혀 있었습니다. 사무소 직원 중 선배로 보이는 여성 직원이 꽂아둔, 사람 키만 한 대단한 연꽃이었지요. 밤새 그 연꽃이 숙박객인 저를 위수병처럼 지켜주었습니다.

이쯤 해서 글 초반부에 쓴, 가미야 씨가 내준 '과제'에 대해서도 언급할 필요가 있겠습니다. 과제를 한마디로 말하자면 '현대 건축에서 민가적인 설계 기법을 어떻게 평가할 것인가?'라고 할 수 있을 것입니다.

가미야 씨의 작품을 본 사람은 그가 '대단한 건축가'이며 '일할 줄 아는 건축가'라는 사실을 이내 알 수 있을 것입니다. 회반죽과 순수한 목재 등 전통적인 소재를 제대로 이해하고 있으며, 장지나 창호를 포함한 개구부를 쓰는 방식 또한 상당히 훌륭합니다. 평면 계획과 공간 구성이 때로는 다이내믹하고 때로는 섬세해 적절한 강약 효과도 내지요. 게다가 편안한 분위기는 물론, 생활의 편리성에서도 나무랄 데 없는 주택입니다. 그러나 "이러한 모든 장점이 한자리에 모였다고 해서 이 집의 매력이 한층 더 살아나는가?"라는 질문을 받는다면 저는 망설일 수밖에 없습니다. '민가풍'이라는 눈에 보이지 않는 괴물이 양팔을 펼친 채 내 앞을 가로막고 있는 것 같은 기분이 들기 때문입니다.

역설적인 표현이지만, 저는 민가에서 많은 것을 배운 가미야 씨의 건축은 '민가풍'이라는 것을 드러내지 않는 편'이 본래의 장점을 보다 잘 드러낼 수 있지 않을까, 하고 불손하게나마 생각하고 있습니다.

이런 생각을 갖게 된 것은 가미야 씨 부부의 침실 바닥에 정좌한 채, 폭과 높이가 절묘한 창을 통해 초가을의 정취를 자아내는 하늘을 바라보고 있던 때였습니다. 그 침실은 벽에 석고보드만 붙여놓고 마감을 하지 않았는데, 평고대 (서까래 끝에 건너 대는 가늘고 긴 나무-옮긴이) 기초 위에 흙을 바르는 벽이 아니라는 것만으로도 참으로 산뜻하고 가벼웠으며, 무엇보다도 모던한 느낌을 주었습니다. 하지만 제가 받은 인상을 그 자리에 있던 가미야 씨에게는 전하지 못했습니다. 이런 이야기는 볏모로 뒤덮인 논을 고요히 바라보며 툭 건네는 게 더 좋겠다 싶었기 때문입니다.

이 사진, 마치 두 소년이 나무 위에서 이야기하고 있는 것처럼 보인다.

오타니 히로아키大谷弘明

적층積層의 집

2003년 효고 현 고베 시

처음 '적층의 집'을 찾은 것은 2005년 여름이었습니다. 대학의 여름 연수 여행에서 돌아오는 길에, 학생을 가르치는 건축가 친구 몇몇과 우르르 몰려갔기 때문에 어쩌면 오타니 씨도 편치만은 않았을 겁니다. 물론 그렇다고 오타니 씨가 달가워하지 않았다는 건 아닙니다. 반대로 그는 시종일관 차분한 태도와 부드럽고 허스키한 목소리로 우리들의 노골적인 질문에도 정중하고 진지하게 대답해주셨습니다. 곁에 계시던 아내분은 온화한 미소를 머금은 채 모두에게 시원한 음료를 내주셨고, 예의 바르고 얌전한 따님은 호기심을 드러내며 우왕좌왕 막무가내로 사진을 찍어대는 건축가 집단의 오타쿠 같은 움직임을 희귀한 동물이라도 보듯 관찰하고 있었지요.

이 집을 둘러볼 수 있어서 운이 좋았다고 감사히 생각하면서도 한편으로는 여럿이 몰려온 걸 후회했습니다. 공들여 설계한 이 주택의 스케일과 동굴 내부를 연상시키는 독특한 느낌을 제대로 맛보기 위해서는 많은 인원이 방문하는 것이 적합하지 않다는 사실을 현관을 들어선 순간 깨달았기 때문이지요. 그래서 어울리지는 않지만, 평소와는 달리 얌전하게 목을 움츠리고 조심스럽게 그 집을 둘러보았습니다.

그러나 이런 조심스러운 견학에서도 발견한 것이 있습니다. 그 대부분이 현관 옆 옷장 주변에서 본 것들이지요. 예를 들어 선반에 줄지어 있던 구두. 모든 구두는 반짝반짝 손질되어 있었고 한 짝 한 짝마다 보존 목형이 들어 있었다는 점. 다음으로는 질서 정연하게 정리되어 있던 가죽 가방 다섯 개. 통근용으로 보이는 그 가방 중, 미묘하게 색깔이 다르기는 하지만 네 개가 전부 디자인과 크기가 같았다는 점. 행어에는 언뜻 보기에도 고급스러운 옷감으로 만든 슈트와 재킷이 마치 고급 신사복 매장에서처럼 조금도 흐트러짐 없이 걸려 있었다는 점. 그리고 그 모든 물건들이 유행에 좌우되지 않는, 품격 있고 전통적인 디자인이었으며 숙련된 장인의 솜씨가 배어 있는, 아무튼 유명할 게 분명한 브랜드의 아주 뛰어난 물품만 모여 있었다는 점이었습니다.

끊임없이 달라지는 빛과 그림자의 극적인 표정 변화는 건축적인 동시에 음악적이기도 하다.

절제되고 청초한 분위기의 외관. 멍하니 걷다가는 무심코 지나치고 말 정도다.
눈에 띄려 하거나 과시적인 부분이 전혀 없다.

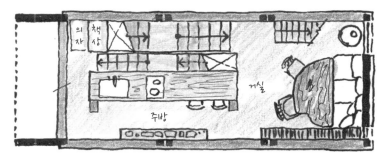

의
자 책
상

주방

거실

3F

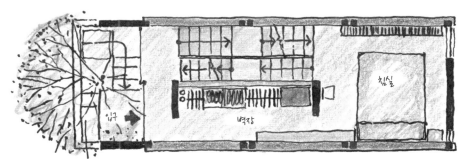

입구

벽장

침실

2F

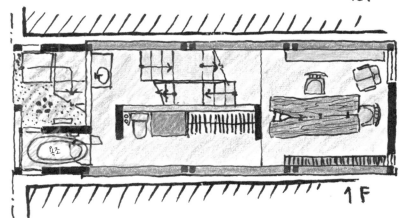

도
로

욕조

1F

적층의 집 평면도

침실에서 계단실 너머 보이는 전경.
이 사진을 통해 동굴에 들어온 것처럼 아늑한 느낌을 주는 이 주택 특유의 장점을 느낄 수 있을 것이다.

그때 만약 왓슨 박사가 옆에 있었다면 저는 이렇게 말했을 겁니다.

"옷장 모습으로 알 수 있는 건, 이 집 주인은 마른 체형의 건축가로, 무서울 정도로 꼼꼼하고 깨끗한 걸 좋아하며 물건에 대한 안목이 다른 사람보다 두 배 이상 까다로운 데다 요즘 보기 드물게 단정한 몸가짐을 한 훌륭한 신사라는 점이지. 그리고 아마도 최고급 장인이 만든 물건에는 돈을 아끼지 않는 타입임이 분명해. 일단 손에 들어온 물건은 일평생 계속해서 소중히 쓰는 사람이지. 무엇보다도 중요한 점은 진짜인 것, 정통적인 것, 보편적인 것을 완고하게 좋아하는 외골수라는 점일세. 유행에 좌우되기 쉬운 경조부박輕佻浮薄한 일본인으로서는 보기 드문 타입이지. 알겠나, 왓슨 군?"

어느새 셜록 홈스로 변신한 저는 현관 옷장 앞에서 "흐음…" 하고 크게 고개를 끄덕이고 말았습니다. 이 주택을 견학할 때 필요한 힌트를 우연찮게도 슬쩍 엿본 것 같은 기분이 들었기 때문입니다. 이렇게나 이상이 높고 정통을 사랑하는 완벽주의, 엄격주의 건축가라면 단순히 '즉흥적 착상'이나 '순간적인 번뜩임'으로 본인의 가장 거대한 소유물이 될 자택을 설계할 리 없으니까요. 그런 까닭에 '조심스럽게 접근해야 한다'며 무의식중에 몸가짐을 다잡게 된 것이었는지도 모르겠네요.

그로부터 일 년하고도 몇 개월이 지난 어느 가을 저녁 무렵, 홀로 적층의 집을 다시 찾았습니다. 평상심으로 집 전체를 천천히 둘러보고 싶었고 설계에 대한 이야기와 거주자로서의 감상 같은 것들을 오타니 씨께 자세히 듣고 싶었기 때문입니다.

"시가지 협소지에 가족이 생활하기 위한 최대한의 용적을 확보하는 것. 그리고 확보한 공간에 여유롭고 평온하게 지낼 수 있는 나와 가족의 '거처'를 만드는 것이 이 주택의 가장 큰 테마였습니다. 모든 디테일을 지워 없앤 건축으로 그 테마를 표현하고 싶었고요."

건축 개요

명칭 : 적층積層의 집

소재지 : 효고 현 고베 시

가족 구성 : 부부+자녀 한 명

부지 면적 : 33.96㎡

건축 면적 : 25.51㎡

총 바닥 면적 : 76.35㎡

규모 : 3층

구조 : 프리캐스트 프레스트레스트

콘크리트(PCaPC) 압축 구조

설계 : 오타니 히로아키

왼쪽 : 더블 엑스 계단의 가장 중요한 공간인 계단참.
이 계단은 오타니 씨가 "모든 디테일을 지워 없앴다"라고 단언한 궁극의 디자인이다.
오른쪽 : 벽 안쪽 구석에는 유리를 끼워 쌓아 올리기만 한 통풍용 개구부가 있다.

오타니 씨가 조용한 어조로 제일 처음 한 말이었습니다. 그리고 그 수단(=공법)을 모색한 결과 넓은 폴리카보네이트 판을 원시적인 형식으로 쌓아 올려 벽을 만드는 독창적인 아이디어에 다다르게 되었다고 합니다.

조도를 낮춘 어슴푸레한 실내에는 모차르트의 피아노 소나타가 조용히 흐르고 있었습니다. 제게는 마치 그 음악이 판재의 적층 사이에서 스며 나오는 듯 느껴졌지요. 클래식 음악을 좋아해 도쿄예술대학 재학 중 음악학부 수업에 몰래 들어가 실내악 작곡법 강의를 듣기도 했다는 오타니 씨는 클래식 음악 구성은 건축적인 면에서도 시사하는 바가 많고 건축적 사고의 폭을 넓고 깊게 만드는 데 가장 많은 도움이 되었다는 말을 합니다.

솔직히 고백하자면, 잡지에서 이 주택을 처음 봤을 때 '신기성과 화제성을 노린 젊은 건축가의 야심작'이라는 경솔한 생각을 했습니다. 그러나 실제로 방문해 둘러보고, 건축 설계에 관련된 생각의 흐름과 공사 과정, 살면서 느낀 점을 오타니 씨에게서 듣는 동안 그러한 제 견해가 완전히 빗나간 것이었음을 깨달았습니다. 건축을 보는 눈이 없다고 해도 할 말이 없는 거지요. 저의 이런 얕은 견해와 생각을 꿰뚫었던 것일까요? 오타니 씨는 그런 저를 추격해 실로 세련된 방식으로 결정적 한 방을 더 날렸습니다.

결정타는 스크랩북이었습니다.

오타니 씨가 "사람들에게 잘 안 보여주는 거지만 오늘은 특별히…" 하고 말하며 책장에서 꺼내 보여준 것은 두꺼운 스크랩북 세 권이었습니다. 스크랩북에는 이 주택을 설계하는 과정 중 오타니 씨가 그린 크고 작은 스케치와 메모가 질서 정연하게 날짜순으로 정리되어 있었습니다. 스케치의 방대한 양, 높은 질, 정밀함, 사고의 깊이, 강한 끈기. 이 모든 것에 완전한 패배를 시인할 수밖에 없었습니다. 자택이라고는 하나, 총 바닥 면적이 24평도 되지 않는 작은 집에 쏟아부은 건축가 오타니 히로아키의 만족할 줄 모르는 집념. 그 흔적을 발견하자 나도 모르게 허리를 곧추세워 자세를 단정히 할 수밖에 없었던 거지요.

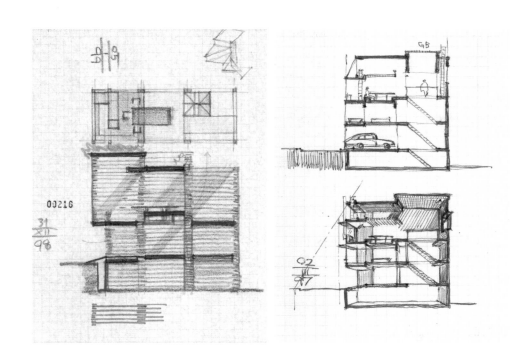

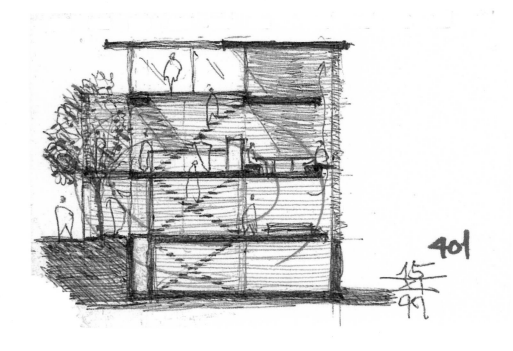

스케치에 남긴 날짜를 보면, 이 주택의 설계 계획은 1996년에 시작되었고 최종적으로 2003년에 건물이 완성되었습니다. 장장 7년간에 걸친 작업이었던 거지요. 작은 수첩 페이지에 상세히 그려져 있는 도면들은 주로 통근 전차 안에서 스케치한 것들이라고 합니다. 조금 큰 종이에 그려 채색한 스케치도 있었는데, 내가 '이건?' 하는 표정으로 오타니 씨를 바라보면 "아, 그건 섣달그믐날 종소리를 들으며 그린 거예요"라는 식의 대답이 즉시 돌아왔습니다.

스케치 날짜를 세밀하게 좇아가다 보면, 판장으로 성형한 폴리카보네이트 판을 쌓아 올리는 아이디어도 단순한 착상이나 번뜩임에서 얻은 것이 아니라는 사실을 알게 됩니다. 스케치를 하기 시작한 건 1996년, 콘크리트 블록조로 시작한 스케치가 어느 시점에 폴리카보네이트 판 적층안으로 바뀌어 1997년 11월 15일에는 이 주택 계획 최대의 결정적 한 수인 '더블 엑스 계단'이 홀연히 등장합니다.

"오오, 나왔다! 나왔다!"

페이지를 넘기던 저의 가슴은 이 스케치의 등장에 마구 요동쳤습니다. 이후에도 건축 계획은 꼬리에 꼬리를 물고 변화를 거듭했습니다. 오타니 씨는 사고를 쌓고 쌓아가다가 무너뜨리는 타입입니다. 그리고 그 반복 속에서 새로운 발상이 끓어오르면 그것을 다시 착실하고 면밀하게 쌓아가는, 즉 '사고를 적층해가는' 건축가이지요.

밤이 깊어가는 것도 잊은 채, 변모하고 심화되며 점차 구체화되어가는 스케치를 한 장 한 장 넘겼습니다. 건축을 좋아하는 제게 그 시간은 기쁨으로 충만한 시간이었습니다. 바흐의 골드베르크 변주곡에 심취했을 때처럼 말이지요.

위 왼쪽 : 적층안 단면도(1998.12.31).
위 오른쪽 : 땅을 살 것인가 말 것인가에 대한 연구(1997.3.2)
아래 : 더블 엑스 계단의 등장(1997.11.15). (세 장 모두 오타니 씨의 스케치)

한나절 동안 운하 크루즈를 하고, 뭍에 올라서 도보로
암스테르담 건축을 순례하느라 약간 피곤한 듯 보이는 두 사람.
하지만 이런 때 마시는 샴페인 맛은 더 각별하다!

기라 모리코吉良森子

VEEN

2003년 네덜란드 암스테르담

고속도로가 하늘과 대지의 경계선을 향해 끝없이 어이지고 있었습니다. 우리를 태워 암스테르담을 출발한 흰색 포르쉐는 1930년대에 매립해 만든 간척지를 가로질러 네덜란드 북부의 고도古都 호로닝언을 향해 시원스레 내달리고 있었습니다.

'우리'라고 했지만, 운전석에는 네덜란드에서 활약하는 건축가 기라 모리코 씨, 조수석에는 끝없이 펼쳐진 간척지, 거대한 하늘, 구름의 표정에 감동하고 있는 저, 이렇게 둘뿐이었습니다. 풍경을 바라보며 네덜란드에서 17년 동안 살아온 기라 씨의 이야기를 들었습니다. 이 나라의 건축 사정, 풍습과 관습, 국민성과 기질에 대한 이야기를 듣고 있자니 묘한 설득력이 있어 듣기만 해도 전부 알 것 같은 기분이 들었습니다. 예를 들면 이런 이야기입니다.

"네덜란드 인에게는 '대충 이걸로 충분하다'는 부분이 있어. 뭐든지 중용이라고나 할까. 그렇다고 노력하지 않는다는 건 아닌데, 지나칠 정도로는 노력하지 않는 면이 있다고 봐. 독일 나치스가 들어왔을 때도 이렇다 할 저항 없이 곧바로 항복해버렸고, 일억옥쇄一億玉碎(대의나 충절을 위한 깨끗한 죽음을 의미하는 말. 일본 제국이 전 국민을 제국주의 침략 전쟁에 동원하기 위해 주로 사용했던 말이다.-옮긴이) 같은 비장한 말 따위는 절대 하지 않는 나라. '~하지 않으면 안 된다' 같은 답답한 대의명분을 휘두르지 않는 처세술, 그게 이 나라의 장점이자 결점이라고 생각해."

그런 말을 들으니 악명 높은 '공창 제도'나 '대마초 등 소프트 드러그 공인' 같은 것에 대해서도 왠지 이해가 되는 듯했습니다.

위 : 데 스틸 회화의 평면 구성을 연상시키는 식당 벽면.
음식을 내기 위해 뚫은 작은 창으로 주방의 선명한 노란색이 들여다보인다.
작은 창의 높이는 와인 병이 지나갈 수 있을 정도의 높이로 했다고 한다.
아래 : 콧노래를 흥얼거리며 익숙한 손놀림으로 요리 중인 펠릭스 크라우스 씨.
이런 노란색은 소심한 나는 도무지 쓰지 못하는 색이다.

위 : 현관홀에서 침실 방향의 전경.
왼쪽의 개구부는 거실로, 오른쪽은 다이닝 룸으로 이어진다. 개구부는 프로시니엄 같은 효과를 낸다.
아래 : 침실에서 현관홀 방향의 전경.
각각의 프로시니엄 옆에는 종류가 다른 의자가 마치 그 방을 지키는 견공처럼 자리 잡고 있다.

이야기가 약간 옆으로 샜네요. 이번 회는 암스테르담에 거주 중인 건축가, 기라 모리코 씨의 자택 견학기입니다.

기라 씨는 네덜란드에서는 유명한 건축가이지만 일본 건축계에는 의외로 알려지지 않은 인물입니다. 이런 말을 하는 저도 작년 말쯤에야 기라 모리코라는 건축가의 존재를 알게 되었으니까요. 처음으로 만난 건 올해 2월이었습니다. 앞에서도 잠깐 언급했지만, 기라 씨는 17년 전 일본을 떠나 네덜란드로 거점을 옮겼습니다. 암스테르담 시내에 'Moriko Kira Architect'라는 건축 사무소를 낸 지는 13년이 흘렀지요. 와세다대학 시절 델프트 공과대학으로 유학한 것이 그 계기가 되었으리라고 쉽게 짐작할 수 있는데, 단지 그뿐만 아니라 네덜란드라는 나라와 이런저런 의미에서 마음이 잘 맞아서였던 게 분명합니다.

서른에 독립한 후 착수한 '네덜란드 건축박물관'(로테르담 소재)과 일본 레스토랑 '다가와'(브뤼셀 소재)가 높이 평가받아, 1998년부터 3년간 네덜란드 주택국토개발환경부 소속 국가 공무원으로 일한 적도 있는, 다소 특이한 경력의 소유자이기도 합니다. 기라 씨는 개인 주택 설계는 물론, 집합 주택, 상점, 파빌리온, 각종 건축물의 개·보수 설계, 도시계획에 이르기까지 온갖 분야에서 폭넓은 활동을 하고 있는 건축가입니다. '급격히 변화해가는 도시 환경에 대응하는 생활공간 디자인'이 자신의 테마라는 기라 씨의 말을 들으니 빌딩 타입만 고집하지 않는 그녀의 광범위한 건축 범위가 이해됩니다. 1998년에는 네덜란드 정부 건축국의 건축가로 임명받아 '수상 관저 개축안', '지볼트 박물관' 등, 국가적인 프로젝트를 수행했다고 하는 기라 씨의 빛나는 경력 소개는 이 정도에서 마치기로 하지요.

암스테르담 시내에 있는 기라 씨의 집을 방문한 건 네덜란드에 도착한 다음 날이었습니다. 암스테르담에 대해 알기 위해서는 운하로 돌아보는 게 제일이라며 기라 씨가 운하 여행 보트를 알아봐주셨지요. 그래서 오전에는 기라 씨, 건축 사무소 직원들과 함께 배를 타고 암스테르담 건축을 둘러보았고, 그녀와 그녀의 파트너인 펠릭스 크라우스 씨가 사는 아파트에 도착한 건 늦은 오후였습니다. 펠릭스 씨는 네덜란드를 중심으로 활약 중인 건축가로 다수의 직원을 두고 집합 주택 같은 큰 프로젝트를 수행하는 건축가입니다.

다이닝 룸.
수목이 우거진 정원을 바라보고 있어 기분 좋은 공간이다.
베란다를 통해 주방으로 갈 수도 있다.
벽에서 튀어나온 식탁용 조명 기구는 르 코르뷔지에의
'어머니의 집'에 있던 피아노용 조명을 떠올리게 한다.

기라 씨와 펠릭스 씨가 살고 있는 아파트는 대공황 직후(1930년대 초반)에 세운 오래된 건물입니다. 흔히 말하는 모던 건축도 아니고 특별히 시선을 끄는 외관도 아니며 거리에 고요히 융화된 건물이지요. 그런 아파트 3층에 기라 씨와 펠릭스 씨의 집이 있습니다.

오래된 건물의 레노베이션은 기라 씨의 실력을 가장 잘 보여줄 수 있는 분야입니다. 앞서 언급한 '수상 관저 개축안'이나 '지볼트 박물관'도 레노베이션 작업이었지요. 레노베이션에 착수할 때 기라 씨가 가장 먼저 하는 일은 '건축의 역사를 해독하는' 일이라고 합니다. 언제, 어떠한 사회 정세 속에서 지은 건물인지, 구조, 공법, 마감, 성능은 어떤 식으로 고려했는지 등을 상세히 조사하고 이해한 후에야 설계 작업에 매달린다고 합니다. 다행스럽게도 네덜란드는 오래된 자료를 소중히 보존해두는 전통(관습)이 있어, 1904년 이후의 건축 허가 신청 도면 전부가 보존되어 있는 데다, 누구든 열람할 수 있도록 공개되어 있습니다. 그 때문에 이런 사전 조사가 대단히 효율적으로 이루어질 수 있는 것이지요.

건축 개요

명칭 : VEEN
소재지 : 네덜란드 암스테르담
가족 구성 : 두 명
전유 면적 : 135㎡
규모 : 3층(전체)
구조 : 목조
개·보수 설계 : 기라 모리코, Moriko Kira Achitect

이 아파트를 레노베이션할 때는 기존 문틀이나 걸레받이 같은 것들을 남길 것인가 말 것인가에 대해 고민했다고 합니다. 기라 씨의 아파트는 70년도 더 전에 저비용으로 지은 건물이고, 벽돌조의 벽에 바닥은 목조였던지라 방음 기능을 높이기 위해 몽땅 뜯어 고칠 수밖에 없었습니다. 레노베이션 전후의 도면을 비교해보면 금방 아시겠지만, 벽의 위치는 기본적으로 바뀌지 않았습니다. 아니, 바뀌지 않았다기보다는 공간을 나누는 벽이 구조벽(내력벽耐力壁)으로 되어 있었기에 철거가 불가능했던 것이 아닐까 싶습니다. 그 대신이라고 말하면 좀 그렇겠지만, 구조벽을 건드릴 수 없는 대신 바닥면은 기존의 가름목 위에 방음 보드와 강철제의 바닥재를 깔고 그 위에 콘크리트 작업을 한 후 천연 원료 바닥재인 리놀륨으로 마감하는 것으로 공을 들였습니다. 이것이 상상 이상으로 대규모 공사인 데다가 건물 구조에 관련되는 부분이기에 제대로 된 구조 계산과 확인 신청을 마친 후에 시공했다고 합니다(네덜란드 정부 소속의 건축가라는 입장에서 보았을 때, 자신의 아파트를 이런 레노베이션 공사의 규범 사례로 만들고자 한 의도도 있지 않았을까 추측해봅니다). 천장 역시, 위층의 소음을 차단하기 위해 기존 천장을 해체한 후 위층 바닥을 받치고 있던 목재 들보 하단에 방음 보드를 이중으로 설치한 후 새로운 천장재를 붙여 마감했습니다.

'이런 수많은 제약 속에서 시도할 수 있는 것은 무엇일까?' 하는 생각에서 기라 씨는 방의 집합체로 건축을 만들어내는 유럽식 건물이 아닌, 방과 방이 느슨하게 연속되어가는 '관계'를 레노베이션의 테마로 잡았습니다. 하나의 공간에서 다음 공간이 보일 수 있도록 했으며, 프로시니엄(극장에서 객석과 무대를 구분하는 액자형 틀-옮긴이)처럼 각각의 방이 액자틀로 잘라낸 무대처럼 보이게끔 했습니다. 다다미방과 방 사이를 구분하는 전통 일본 주택의 장지 역시, 두 장의 문을 옆으로 밀어놓으면 좌우에 남은 장지 일부가 일종의 프로시니엄 같은 효과를 내는데, 기라 씨도 이러한 일본 건축 특유의 공간 연결 방식에서 힌트를 얻었다고 합니다. 개구부가 방의 정중앙에 오도록 설치한 점이나, 그 개구부를 여닫이가 아닌 미닫이로 한 것 등은 기라 씨가 의도한 바를 확실히 말해주지요.

레노베이션 전

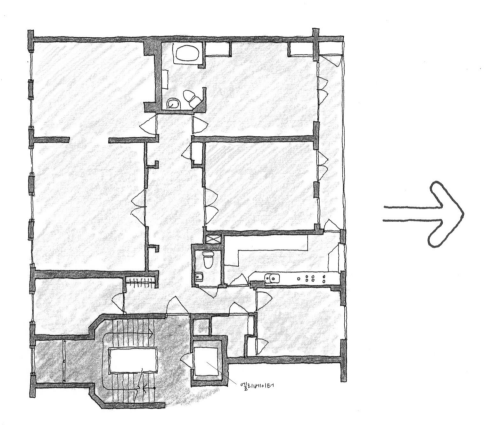

엘리베이터

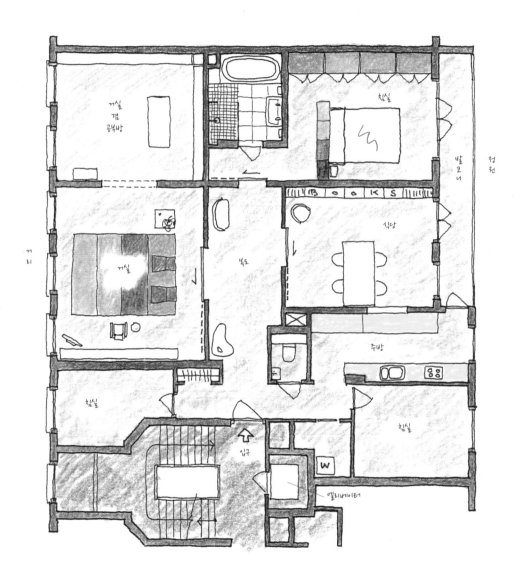

기라 모리코와 펠릭스 크라우스의 아파트

벽면을 가득 채운 책, 책, 책들. 제목을 하나하나 읽는 것만으로도 시간이 어떻게 가는지 모르겠다.

방을 훑어보며 제일 처음 느낀 건, 또 하나의 큰 테마가 '색'이 아니었을까 하는 것이었습니다. 바닥을 엷은 회색으로 하고 기본적으로 벽과 천장을 화이트로 통일한 후 요소요소에 놀랄 만큼 선명한 색을 썼는데, 이것이 시각적인 변화를 주어 공간에 긴장감을 부여하는 데 상당한 효과를 냅니다. 거실 바닥에는 네 가지 색의 카펫이 깔려 있고 주방 가구는 숨이 멎을 정도로 선명한 노란색인 데다가 침실 붙박이 벽장문에는 오렌지, 레드, 핑크색이 섞여 있습니다. 이 선명한 색 사용 방식은 루이스 바라간의 색채가 그러하듯, 벽 전면이 아니라 색지 조각을 붙인 것처럼 사용했다는 데 그 특징이 있습니다. 식탁 옆 주방 쪽 벽에는 음식을 내주기 위해 만든 가로로 긴 창이 뚫려 있는데, 그 창으로 살짝 보이는 주방은 노란색이라기보다는 금색의 색지처럼 보이고, 오른쪽 옆에 걸린 붉은색 그림과 어우러져 데 스틸(색의 구성, 비례를 중시한 신조형주의 미술의 한 유파. 몬드리안이 대표적 인물이다.-옮긴이) 회화를 연상시키는 평면 구성을 보여줍니다. 제게 네덜란드는 데 스틸과 몬드리안, 리트벨트(헤리트 리트벨트Gerrit Thomas Rietveld, 단순한 형태와 원색의 조화를 표현해낸 모더니즘 건축가-옮긴이)의 나라입니다. 기라 씨가 선명한 색을 사용한 것이 네덜란드의 색채 전통을 의식해서인지, 아니면 색채를 끌어내는 네덜란드 공기 속에 흐르는 이상한 힘 때문인지는 잘 모르겠습니다. 논리적이며 감각적으로 사물을 생각하는 기라 씨이기에 그에 대한 질문을 했다면 분명 납득 가는 설명을 들을 수 있었을 텐데, 물어본다는 걸 깜빡하고 말았네요.

침실. 붙박이장 문과 칸막이 선반의 '색에 주목하시길.
네덜란드에는 잠재되어 있는 색채 감각을 일깨우는 그 무엇이 있는 걸까?

회화적이라는 느낌과 더불어, 기라 씨와 펠릭스 씨의 집에는 살림에 찌든 느낌이 없고 생활감이 희박하다는 것도 커다란 특징이라고 볼 수 있습니다. 성인 두 사람이 살고 있다는 생각이 들지 않을 정도로 실내는 깨끗하고 말쑥합니다. 단지 식당 벽 한 면을 가득 채운 책들에서 이 집 주인의 인품과 체온을 느낄 수 있을 뿐이었지요. 책을 좋아하는 저는 책장에 빼곡히 꽂힌 책 제목을 바라보는 것만으로도 목덜미를 내준 고양이 같은 기분이 들었습니다. 대부분이 펠릭스 씨의 책이라고 하니 저 이상으로 펠릭스 씨도 애서가인 모양입니다. 예전에는 거실 근처 서재의 두 벽이 책으로 빼곡하게 들어차 있었다는 이야기를 들으니 기분 좋은 고양이처럼 감탄사를 연발하게 되네요. 아, 그리고 책을 좋아한다는 것 말고도 저와 펠릭스 씨 사이에는 의외의 공통점이 또 하나 있었습니다. 요리하는 걸 좋아한다는 점이지요. 슬쩍 주방을 들여다보니 스피커에서 흘러나오는 음악에 맞춰 펠릭스 씨가 저녁 식사를 준비하고 있었습니다. 콧노래를 흥얼거리며 즐거워 보이는 모습이었지요. 단순히 주방이 아름다운 오브제로 그치는 것이 아니라 제대로 사용되고 있다는 점도 제 마음을 들썩이게 만들더군요.

2층 높이의 외부 테라스.
후루야 씨와 내가 사진 속에 있으니 이 테라스의 스케일과 개방감이 느껴진다.

지그 하우스/재그 하우스

2001년 도쿄 세타가야 구

식당에서 바라본 입구 쪽.
관엽식물, 작은 새를 위한 새장, 장식품 쇼 케이스를 겸한 식탁 등 느긋한 분위기의 실내에서 생활의 숨결이 느껴진다.

제가 학생들을 가르치는 일본대학 생산공학부 '주거 공간 디자인 코스'에는 매년 초 '미야와키상宮脇賞 심사회'라는 큰 행사가 있습니다. 이 코스의 창설자 미야와키 마유미宮脇檀 씨를 기념하기 위해 만든 상입니다.

1학년부터 4학년에 이르기까지, 코스를 이수한 모든 학생은 해당 연도에 출제된 3~5가지 설계 과제 중 자신 있는 것 한 가지를 골라, 연말연시 휴일 동안 그 작품을 좀 더 수정, 보완해 연초에 제출합니다. 주거 공간 디자인 코스를 담당한 교수 전원과 외부 심사위원이 공개적으로 심사해 학년에 관계없이 미야와키상 수상자를 결정합니다.

올해 미야와키상의 외부 심사위원으로 초빙된 분은 후루야 노부아키 씨였습니다. 후루야 씨의 논리적이고 따뜻하면서도 진지한 심사 모습에 매우 놀랐고, 많은 것을 배웠기에 본 주제에 들어가기 전에 잠시 그 이야기를 해두고 싶군요. 1차 심사를 통과한 학생의 프레젠테이션 시간은 겨우 4분. 대부분의 학생은 작품 콘셉트와 설계 의도를 시간 내에 충분히 설명하지 못합니다. 심사위원은 그 충분치 않은 설명을 듣고 질문과 비평을 해야 하지요. 후루야 씨는 학생의 프레젠테이션이 끝나자마자, 그야말로 머리칼 하나 들어가지 않을 타이밍에 마이크를 쥐고는 적확한 단어와 알기 쉬운 표현으로 그 작품의 우수한 점과 문제점, '어떻게 하면 더 좋은 작품이 될 수 있었는지'에 대한 조언에 이르기까지, 과하지도 부족하지도 않은 말들을 막힘없이 해나갔습니다.

후루야 씨는 어떤 작품에서든 '우수한 점'을 발견해냈으며 그 장점을 주의 깊게 분석해 일단 칭찬부터 합니다. 그것도 작가 자신이 전혀 알아차리지 못하는 그 작품의 잠재적 장점과 가능성까지도 예리하게 꿰뚫어 칭찬하는 겁니다. 결코 고자세로 나오지도 않고 사무적인 느낌도 아니며, 정말이지 인간적이며 따뜻한 말로 학생을 기쁘게 해주는 능수능란한 칭찬 방식이지요. 그리고 그 후 이번에는 "애석하게도…"라는 고풍스러운 말을 시작으로(아무래도 그게 후루야 씨의 입버릇인 것 같네요) 그 작품의 문제점을 가차 없이 드러냅니다. 칭찬의 말 뒤에 예리한 비평의 칼을 드리우는 것이지요. 절묘한 논지와 말투, 작품을 논리정연하게 분석해내는 날카로운 언어에 제 속이 다 개운할 정도였습니다.

울창한 정원수 너머 슬쩍 보이는 건물 외관.
테라스를 끼고 왼쪽이 로친이 살고 있는 저크 하우스이고
오른쪽이 후루야 씨 자택인 재그 하우스이다.

재그 하우스의
'봉사하는 공간'.
여기도 이상한 형태가
매력적이다.

지그 하우스의
'봉사하는 공간'.
반듯하지 않은
모양새가
근사하다.

큰 나무가 우거진
넓은 정원(숲?).
굉장한 환경이지요.

옥실

저장소

다다미방

EV

주방

식당

거실

ZIG
HOUSE

입구

입구

테라스

옥실

거실

식당

주방

작업실

침실

테라스

ZAG
HOUSE

W N
S E

ENT.

Lane (Komichi)

건축 개요

명칭 : 지그 하우스/재그 하우스

소재지 : 도쿄 세타가야 구

가족 구성 : 지그 하우스-부모, 재그 하우스-부부+자녀 두 명

부지 면적 : 597.48㎡

건축 면적 : 234.31㎡

총 바닥 면적 : 359.86㎡

규모 : 2층

구조 : 목조

설계 : 후루야 노부아키, STUDIO NASCA

이번 '지그 하우스/재그 하우스' 방문은 사실 그 심사회를 마감하는 자리에서 결정되었습니다. 건축 잡지를 열심히 읽는 독자는 아니지만, 언젠가 대학 연구실에 배달된 잡지를 보던 중 팔랑팔랑 페이지를 넘기던 손을 우뚝 멈춘 적이 있습니다. 그리고 나도 몰래 "호오!" 하고 감탄사를 내뱉었지요. 그게 바로 지그 하우스/재그 하우스였던 겁니다. 해 질 녘에 찍은 그 주택의 아름다운 사진이 칼럼 첫 부분에 좌우 양면으로 실려 있었는데, 그 사진을 보며 '언젠가 이 주택을 견학해봐야겠다!' 하고 마음 깊이 결심했습니다. 그로부터 5년째인 올해, 비로소 그 결심을 행동에 옮길 수 있었던 것이지요.

잡지 사진을 보고 품게 된 솔직한 감상은 '어딘가 무심해 보인다'는 것이었습니다. 하지만 그렇다고 주변에서 자주 볼 수 있는 파빌리온 주택처럼 냉정한 느낌은 아니었습니다. 사람의 체온이 주는 따뜻함이 느껴졌지요. 무엇보다도 서민들의 생활까지도 있는 그대로 받아들일 것 같은 느긋한 포용력이 느껴졌습니다. 무슨 말이냐 하면, 어깨에 힘을 뺀 느슨한 삶을 사랑하는 저 같은 인간도 살 수 있겠다 싶을 만큼 친밀한 분위기가 감돌았다는 뜻입니다.

오랜 염원이 이루어져 방문한 지그 하우스/재그 하우스. 실제로 방문하고 나서도 사진에서 받은 인상이 바뀌진 않더군요. 아니, 더 좋다는 생각이 들었습니다. 완성한 후 몇 년이 지났기 때문에 사진으로 볼 때보다 가구나 잡화 같은 세간이 늘어났는데, 그 때문에 생생한 생활의 기운이 강하게 느껴졌기 때문입니다. 이 주택은 자유롭고 변화무쌍한 인간의 삶을 그대로 집어넣을 수 있는 '대단히 잘 만든 용기容器'라는 사실을 직접 눈으로 확인하고 피부로 느낄 수 있었습니다.

게다가 그 '용기'의 만듦새는 독창적인 아이디어로 가득 차 있었으며 지독하게도 정밀했습니다. 이 주택은 간벌한 나무를 압축해 만든 목재를 구조재와 마감재로 사용했는데, '무심한 인상'을 자아내기 위해 구조 시스템과 각처의 디테일에 놀랄 만큼 세심하고 엄밀하게 공을 들였다는 걸 쉽게 발견할 수 있었습니다.

순도 높은 스테인리스를 깎아 만든 특별 주문 경첩.
아귀가 딱 맞는 아름다운 디테일을 보면 세수한 듯 기분이 산뜻해진다. 나만 그런 걸까?

후루야 씨의 설명을 들으며 이 집을 견학하는 동안, 가슴 한가득 맑은 숨을 들이쉬듯 느긋한 공간을 맛봤고, 숨을 죽인 채 그 디테일에 넋을 잃었습니다. 공들인 세부가 건축 전체에 다이내믹한 인상을 준다는 사실을 놓친다면 이 주택의 가장 맛있는 부분을 맛보지 못한 겁니다. 이 집의 모든 매력을 전부 다 보고 싶다면 건축적인 원근양용遠近兩用(누진다초점-옮긴이) 안경이 꼭 필요한 것이죠.

　　근시용 안경이 필요한 곳을 한 군데 소개하겠습니다. 바로 이 건물의 중요 요소 중 하나인 개구부입니다. 세로로 긴 외문창 중 큰 것은 폭 1미터에 높이가 3.5미터나 되는데, 특히 주목할 부분은 그 개구부에 사용한 특별 주문 새시와 경첩입니다. 너무나도 아무렇지 않은 표정으로 마감되어 있어 무심코 있다가는 못 보고 지나칠 정도지만, 순도 높은 스테인리스를 깎아 만들었다는 경첩이 일품입니다. 철물과 디테일을 사랑하는 제 눈이 이 경첩에 꽂히고 말았지요. 새시와 경첩 부분은 외벽면과 개구부의 유리면의 높이를 어떻게 해서든 맞추고 싶다는 의지와 집념이 만들어낸 디테일입니다. 고심의 흔적을 드러내지 않는 세련된 마감이었지요. "그렇구나. 이렇게 하면 되네"라고 중얼거리게 만들 정도였으니까요.

　　여담이지만, 은사인 호즈미 노부오穗積信夫 선생에 대해 쓴 후루야 씨의 글 중 이런 부분이 있습니다. 무슨 말을 하던 끝에 호즈미 선생이 "개미 몸통하고 꼬리는 어떻게 저렇게 작은 '연결부'로 이어져 있을 수 있는지 참 신기하단 말이야"라고 이야기한 것을 소개하며 "언젠가 그런 훌륭한 디테일로 문 디자인 같은 걸 해보고 싶네요"라는 문장으로 글이 마무리되어 있었지요. 그러나 실은 그 '개미 못지않은 작고 강인한 연결부'가 바로 제 눈앞에 있었습니다.

　　여담은 이 정도로 하고, 이 주택에서 좋아하는 장소는 어다냐고 물으신다면 우선 두 개의 동(지그 하우스와 재그 하우스) 뒤쪽에 달개집(본채의 처마 끝에 지붕을 덧달아 이어 내린 집-옮긴이) 같은 형태로 본채를 감싸고 있는, 뭐라 이름 붙이기 어려운 이상한 공간을 들고 싶군요. 또 한 곳은 두 동 사이에 있는 테라스(라 불리는 장소)로, 이 역시 달개지붕을 덧대어 만든 공간입니다.

왼쪽 : 재그 하우스 뒤쪽. 여기에 욕실과 세면실 등이 있다.
안내받아 둘러보다 보니 뒤뜰에 목욕탕과 화장실이 있던 옛날 집을 만난 듯 반가운 느낌이 들었다.
오른쪽 : 얼추 견학을 마치고 스파클링 와인으로 건배.
"날씨가 좋았다면 나뭇잎 사이로 비치는 햇살을 바라보며 테라스에서 런치 타임을 즐겼을 텐데 말이죠"라는 후루야 씨의 말씀.
"아, 그건 또 다음 기회에…"라는 나의 대답.

만약 루이스 칸이었다면 건물 후면의 달개집 공간을 '봉사하는 공간 servant space'이라 불렀을 것입니다. 도면을 보면 아시겠지만, 지그 하우스에서는 욕실과 수납을 위한 공간, 재그 하우스에는 주방, 세면, 탈의, 욕실을 위한 공간에 해당됩니다. '물을 쓰는 공간'(주방, 욕실, 변기)이라는 한마디 말로 간단히 정리해버릴 수 없는 건, 이 공간에 후루야 씨의 무언의 메시지가 내포되어 있는 것 같은 기분이 들기 때문입니다. 덧붙이자면 이 공간에 우화적인 줄거리 변화가 숨어 있는 듯 느껴졌기 때문이지요.

부지의 일정치 않은 윤곽을 그대로 본뜨면서 탄생한 '이형異形의 공간'은 명쾌한 구조 시스템으로 만든 청징淸澄하며 힘찬 본체 프레임과 선명한 대비를 이룹니다. 후루야 씨는 순수한 본채 구조 배후에 애매모호한 공간을 덧붙이면서 "무색투명한 유니버설 스페이스(보편적 공간)를 만들고자 한 것은 아니다"라는 그의 말을 확실히 표명하고 싶었던 게 아니었을까요? 앞서 쓴 '우화적인 줄거리 변화'라는 말도 '살면서 바뀌게 될 집의 기억'이라 바꿔 말하는 편이 보다 이해하기 쉬울지 모르겠습니다. 제가 좋아하는 또 하나의 공간은 테라스입니다. 사진을 보면 그 이유를 아실 테니 일부러 설명할 필요는 없을 것 같군요. 그 테라스에서 후루야 씨와 이야기하고 있다가 불현듯 10년쯤 전 '리고르네토 주택'(마리오 보타 설계)의 로지아(한쪽 또는 양쪽에 벽이 없는 복도식 공간-옮긴이)에서 보낸 행복한 한때가 떠올랐습니다. 그때의 일을 말씀드리자 후루야 씨도 보타가 설계한 주택 중 리고르네토 주택을 제일 좋아한다며 제 말에 즉각 동의하셨습니다.

앞서 '주택의 가장 맛있는 부분을 맛본다'는 말을 썼지요? 그날 저는 점심으로 정말 맛있는 파스타를 먹을 수 있었습니다. 식전술인 스파클링 와인부터 시작해 자연스레 레드 와인으로 넘어간 우아한 런치. 정말 맛있었지요. 사모님과 주고받은 유쾌한 수다는 해 질 녘까지 계속되었습니다. 참고로 메뉴는 '스파게티 제노베제'로 후루야 씨 집이 자랑하는 단골 메뉴입니다. 마리오 보타 건축 사무실에 있을 때 제노바 출신의 동료에게 전수한 본토의 제노베제라고 하네요. 말이 나온 김에 부부에게 전수한 레시피를 소개하고 싶지만 쓰기 시작했다가는 예정 원고 매수를 넘길 것 같군요. 언젠가 다음 기회에.

가쓰라리큐桂離宮
(교토에 있는 황족의 별장. 일본 건축과 정원의 전형을 잘 보여주는 곳이다.-옮긴이)
고서원古書院의 월견대月見台를 베꼈다고 하는 벽돌 바닥 테라스.
건축계 대선배에게 질문 공세 중이다.

가토노 데쓰上遠野徹

삿포로의 집

1968년 홋카이도 삿포로 시

단정하고 힘 있는 남측의 입면.
실내 쪽 두껍닫이(미닫이를 열 때 문짝이 옆벽 속으로 들어가 보이지 않게 한 부분-옮긴이)에
해당하는 부분까지 고정창으로 마감했다는 점이 훌륭하다.

한 달 전쯤, 안토닌 레이먼드가 설계한 삿포로 성공회 교회를 견학할 기회가 있었습니다. 견학에 초대해준 건축가 친구에 따르면, 홋카이도에 하나밖에 없는 레이먼드의 작품이라 하더군요. '성 미카엘 교회'라 불리는 그 교회는 빨간 벽돌 부벽扶壁에 통나무 사이에 가는 나무를 조립해 만든 지붕을 올린 건물입니다. 레이먼드가 자랑하는 기술이지요. 간소하면서도 굵직굵직하고 힘찬 느낌의 성 미카엘 교회는 홋카이도의 대지에 확실히 뿌리를 내린 풍격風格 있는 작품이었습니다.

　　그 교회를 견학한 다음 날 가토노 데쓰 씨의 자택 '삿포로의 집'을 방문했습니다. 그런데 우연찮게도 성 미카엘 교회 건축 현장을 담당한 사람이 가토노 데쓰 씨였습니다. 가토노 씨가 다케나가 건축사무소에 다니던 시절의 일이라고 하는데, 전날 성 미카엘 교회를 견학했다는 이야기를 하면서 알게 된 사실이었지요. 삿포로의 집에 대한 화제로 들어가기 전, 가토노 씨는 완성된 교회를 방문한 레이먼드 부부에 대한 인상 같은 것들을 말씀해주셨습니다. 이런저런 이야기를 나누던 중, "참, 그러고 보니 그가 꽤 예전에 아주 훌륭한 디테일집을 출판한 적이 있었는데…"라며 레이먼드 씨의 책에 대해 이야기하셨습니다. 사실 이 역시 완벽한 우연입니다만, 1938년에 출판된 그 디테일집(《Antonin Raymond Architetural Details》, 국제건축협회/1938년)을 친구의 본가(친구의 부친이 건축가였지요) 작업실에서 발견했고, 더없이 정밀한 도면의 아름다움에 홀딱 반하고 말았습니다. 대학을 졸업한 이듬해의 일이었지요. 그래서 곧바로 문외불출門外不出(책이나 귀중한 물건 따위를 남에게 보이거나 빌려주지 않고 아무도 모르게 간직함-옮긴이)이라는 그 책을 "그래도 어떻게 안 되겠습니까?"라고 머리 숙여 빌려 와서는 통째로 복사한 적이 있었습니다. 그뿐만이 아닙니다. 아무래도 제가 그 책과 인연이 있었던 모양인지, 8년 전쯤 희귀본을 취급하는 고서점의 도움으로 그 책을 제 서가에 꽂아둘 수 있게 되었습니다. 손에 넣을 수 있으리라고는 꿈에도 생각 못한 책이었는데 말이지요.

　　그 책을 볼 때마다 떠오르는 이야기가 있습니다. 안토닌 레이먼드는 디테일을 매우 소중히 생각했고, 실제 치수 도면을 본인이 한 장 한 장 엄밀히 체크해 승인 사인을 했다는 이야기지요. 이런 레이먼드의 자세는 그의 책을 모토로 삼고 있는 가토노 씨에게도 그대로 이어지고 있는 듯합니다.

실내에 들어가면 눈앞에 이런 풍경이 기다리고 있다.
천장 높이를 적절하게 조절한 중심이 낮은 공간은 정원과 느슨하게 이어진다.

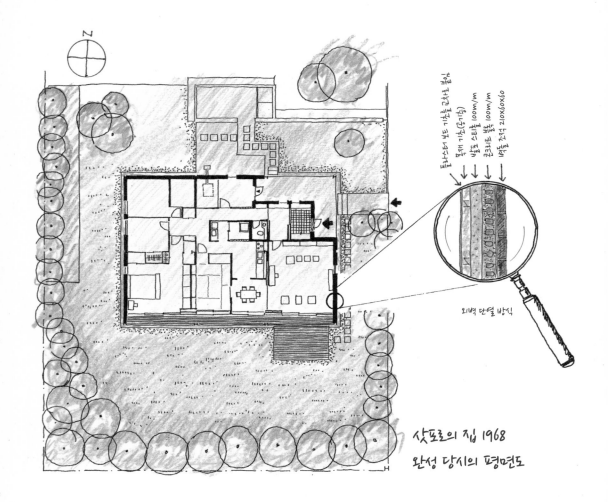

플라스터 보드 기초 감사르 불림
목재 기둥(단면)
벽돌 스타르 100m/m
건축 크리트 210×60×60

외벽 단열 방식

삿포로의 집 1968
완성 당시의 평면도

가토노 씨는
단정한 감색 재킷
차림인데,
손님으로 온 나는
티셔츠다.
이래서는 안 되는데 말이다.
반성하고 있다.

건축 개요

명칭 : 삿포로의 집

소재지 : 홋카이도 삿포로 시

가족 구성 : 네 명

부지 면적 : 1387.70㎡

건축 면적 : 198.00㎡

총 바닥 면적 : 165.10㎡

규모 : 단층

구조 : 철골조

설계 : 가토노 데쓰

가토노 씨의 자택, 삿포로의 집. 이 주택의 가장 큰 테마는 "한랭지의 주택은 어떠해야 하는가?"라는 질문에 대해 작품을 통해 정면 돌파의 대답을 내놓는 것이었다고 생각합니다. 달리 표현한다면 '홋카이도형 주택', '삿포로 스타일 주택'에 대한 가토노 씨의 제안이었다고 할 수 있지요.

　　그를 위해 단열 방법에 독특한 아이디어를 짜냈고, 새로운 재료와 공법을 재빨리 도입했으며, 디테일을 다듬고 또 다듬어 시공과 감리에 세심한 주의를 기울였다는 사실은 이 주택을 약간만 세심하게 살펴보면 곧바로 이해하게 됩니다. 이런 노력이 쌓이고 쌓여 한랭지 주택의 규범이 되는 명작 주택이 탄생한 것이지요. 삿포로의 집은 완성한 후 거의 40년이 흐르는 동안 세월의 풍우와 함께 독특한 멋과 촉감을 입었습니다. 이 매력적인 주택이 일본건축협회의 25년 대상이나 '도코모모 100선'에 선출된 것은 당연한 결과라고 할 수 있을 겁니다.

　　삿포로의 집은 부식에 강한 내후성耐朽性 동판으로 탄탄한 골격을 짠 후 그 골격 사이에 벽돌 벽을 세우고 페어 글라스를 사용한 특별 주문 제작 섀시(이 역시 내후성 동판입니다)를 삽입한 외피를 덮고 있습니다. 이런 과정을 통해 많은 눈과 극한의 추위가 얼씬하지 못할, 견고하고 믿음직한 건물이 태어난 것이지요. 앞서 레이먼드의 건축에 대해 '간소하면서도 굵직굵직하며 힘찬 느낌'의 '홋카이도의 대지에 확실히 뿌리를 내린 풍격 있는 건축'이라 썼는데, 삿포로의 집에도 이 문장은 꼭 들어맞는 말입니다. 그뿐만이 아닙니다. 내후성 동판의 적갈색 도는 녹빛과 붉은 벽돌의 질감은 순백의 설경에서는 물론 선명한 신록에서도 그 빛을 발합니다. 그저 바라보는 것만으로도 사계절 내내 아름다운 건물이라는 말을 덧붙이고 싶군요.

　　견학 후 2주일 정도 지났을 때, 가토노 씨가 '가토노 건축사무소'의 작품집 두 권과 삿포로의 집 도면(배치 평면도, 평면도, 단면 상세도, 평면 상세도)을 보내주었습니다. 견학 당시, 도면을 보며 건물 내·외부를 둘러보았는데 외벽 단열이 실제로 어떻게 되어 있는지, 각자의 치수는 어느 정도인지, 궁금한 사항이 있을 때마다 질문을 했지요. 한랭지 건축 내부 구조의 디테일이 실제로 어떻게 구현되었는지 궁금했기 때문입니다. 하지만 역시 도면으로 확인하고 싶더군요. 그래서 헤어질 때쯤 도면을 보여주십사 부탁(조르기)했던 겁니다.

현관 포치로 인도하는 미스 반데어로에풍의 경쾌한 2단 계단.

가토노 씨는 공사 후에 변경한 부분, 특별히 언급할 부분, 내가 무심코 놓칠 수 있는 부분 등을 도면에 붉은 사인펜으로 상세히 적어서 보내주셨습니다. 아주 작은 글자(제일 작은 글자는 가로세로 3밀리미터 정도)가 빽빽이 들어찬 메모였지요. 노안인 저는 셜록 홈스처럼 커다란 돋보기를 대고 그 도면을 자세히 읽어나갔습니다.

　　가토노 씨의 메모는 삿포로의 집을 이해하는 데 큰 도움이 되었습니다. 그리고 그 메모를 통해 삿포로의 집에 대한 가토노 씨의 패기와 자신감을 직접적으로 느낄 수 있었지요.

　　예를 들어볼까요? 메모 중 하나가 외벽을 가리키고 있는데 '너무 많이 구운 벽돌, 고르지 않는 벽돌을 모아 시도해봄'이라 쓰여 있고, 내후성 동판 기둥과 들보에 대해서는 '기둥과 들보는 모두 현장에서 용접한 것. 40년 정도 지났는데 아직 손본 적 없이 그 상태 그대로 사용하고 있음'이라 쓰여 있습니다.

　　또 '바닥. 배리어 프리. 모든 방에 온돌 난방. 강철관에 온수를 통과시킴. 현재까지 고장 없는 자랑스러운 바닥'이라는 메모에서는 득의만면한 가토노 씨의 얼굴이 떠오르고, '높이 2100의 페어 글라스로 16.5미터 전면을 시공'이라는 남면南面의 특징을 읽을 때는 "어때? 잘 보라고!"라는 그의 목소리가 귓가에 들려오는 것 같았습니다.

　　그중에서도 단면 상세도 벽체 내부 단열재(발포 스티롤이라 쓰여 있으나 스티로폼과 동일 상품인지는 불명확합니다)를 가리키며 써둔 '본국초연本國初演'('우리나라에서 처음으로 시도되었다는 의미—옮긴이)이라는 메모. 건축 용어로서는 다소 거리감이 느껴지면서도 묘하게 느낌 있는 이 표현을 통해 가토노 씨의 자부심과 더불어 마치 친구의 그것 같은 친근감을 느낄 수 있었습니다.

　　완성한 후 거의 40년이 흐른 이 주택은 방의 용도를 바꾸거나 마감재를 변경하는 등, 그때그때의 필요에 맞춰 조금씩 변화해왔습니다. 좀 더 정확히 말하자면 이 건물 자체가 그러한 변화에 유연하게 대응할 수 있도록 설계되어 있었다는 거지요. 이번에 도면을 보면서 깨달은 것인데, 기둥과 벽주 등, 욕실 주변을 제외한 내부의 구분 벽은 기초에서 올린 고정 벽이 아니라 두께 5밀리미터의 패널 벽이었습니다.

장지를 열 때마다 안쪽으로 연결되는 느낌의 공간. 일본 전통 다다미방을 보는 듯하다.

말하자면 창호처럼 쉽게 변경할 수 있는 벽으로 철골과 벽돌, 페어 글라스로 감싼 실내가 자유자재로 나누어져 있었다는 겁니다. 삿포로의 집 실내에서 일본 건축 특유의 융통무애融通無碍한 공간의 유동성이 느껴진 건 아마 그 때문일 것입니다. 또 거실에 발을 들여놓은 순간, '내가 이와 비슷한 공간을 알고 있다'는 기묘한 느낌에 사로잡혔는데, 이 역시 공간의 융통무애한 느낌과 관계가 있으리라고 생각합니다. 장지를 통과하고 확산되어 실내를 감싸는 부드러운 자연광, 나지막한 천장이 주는 편안함, 거실과 식당의 관계, 대화나 생활음이 울려 퍼지는 정도 등, 실내를 천천히 둘러보던 중, 요시무라 준조吉村順三('아오야마 타워 빌딩' 등을 설계한 일본의 대표적 모더니즘 건축가. 안토닌 레이먼드에게 일본 전통 건축을 사사했으며 저자인 나카무라 요시후미는 독립하기 전 요시무라 준조 건축사무소에서 일하기도 했다.-옮긴이) 선생의 '자택'에서 본 거실, 식당과 넓이가 비슷하며 천장 높이도 거의 같다는 사실이 퍼뜩 떠오른 것이지요. 방의 분위기뿐만 아니라 '공기의 분위기'까지 요시무라 선생 자택과 쌍둥이 형제처럼 닮았다는 사실을 발견하고 새삼스레 감동스러웠습니다.

　　이 주택을 잡지에서 처음 봤을 때, 철골, 벽돌, 유리의 특징적인 외관 때문에 미스 반데어로에의 '일리노이 공과대학' 건물과 '필립 존슨 자택'이 제일 먼저 떠올랐습니다. 하지만 이번에 실내에 발을 들여놓고 보니 그 예상이 보기 좋게 빗나갔다는 사실을 알 수 있었지요. 삿포로의 집에는 근대 건축에서 흔히 발견할 수 있는, 건축 이론이 뒷받침된 금욕적인 인상이나 합리주의, 기능주의만 고집하는 완고한 느낌이 없었습니다. 사진과 외관으로는 상상하지 못했던 상냥하면서도 부드러운 공기가 내부에 흐르고 있었지요.

　　"잠시 테라스에 나가볼까요?"

　　권하시는 대로 테라스로 나갔습니다. 내후성 동판으로 가선을 두르고 바닥에 벽돌을 깐 테라스였지요. 그 순간 문득 뇌리를 스치는 것이 있었습니다. 가토노 씨는 그런 나의 생각을 꿰뚫어 본 모양인지 "맞아요. 이 테라스는 가쓰라 리큐의 월견대를 흉내 낸 공간입니다!"라고 하며 온화한 미소를 지으셨습니다. 그건 베테랑 노건축가만이 보여줄 수 있는 미소였지요.

편안한 분위기에서 이야기를 나누고 있는 나야 형제와 나.

노시로의 주택

2003년 아키타 현 노시로 시

동쪽 입면.
횡장창이 벽면을 한 바퀴 돌고 있는 '서클 리본 윈도'(리본 윈도, 건물 벽면을 띠 모양으로 가로 지른 창–옮긴이)

'본가本家'라는 말에는 그립고도 달콤 새큼한 울림이 있습니다. 또 어딘가 좀 씁쓰레한 맛도 있는 것 같네요. 어울리지 않게도 저는 그 단어를 들으면 가슴 한 구석이 찌릿합니다. 부모님이 일찍 돌아가신 데다 태어나 자란 집도 사라지고 없기에 그런 감정이 좀 더 강하게 드는 건지도 모르겠습니다.

잡지에서 나야 형제의 '노시로의 주택'을 처음 봤을 때, 형제의 부모님이 사는 집, 즉 '본가'라는 사실을 눈치채지 못했습니다. 그 사실을 굳이 밝히지 않은 채 작품을 발표한 거지요. 사적인 이야기는 다 빼고 '노시로의 주택'을 하나의 주택 작품으로 봐주었으면 한다'라는 생각에서였을 겁니다.

책이나 잡지에서 주택을 볼 때면 늘 평면도를 꼼꼼히 살펴봅니다. 어쩌면 저는 사진을 열심히 보기보다는 평면도를 장시간 들여다보는 타입인지도 모릅니다. 물론 그 건축가만의 계획에 일관되게 반영된 독창적인 아이디어와 설계 의도가 있으며, 공간 구성이나 구조, 설비, 공법에도 창의적 생각과 노력이 담겨 있다는 사실도 늘 염두에 두고 있습니다. 그러나 그 모든 것을 포함해, 평면도에서 건축가의 생각이 드러난 부분을 발견한다거나 평면도의 의도를 깊이 생각하는 것을 은밀한 즐거움으로 삼는 것이지요.

건축 개요
명칭 : 노시로의 주택
소재지 : 아키타 현 노시로 시
가족 구성 : 부부
부지 면적 : 449.52㎡
건축 면적 : 88.81㎡
총 바닥 면적 : 177.62㎡
규모 : 2층
구조 : 목조
설계 : 나야 마나부+나야 아라타, 나야 건축설계사무소

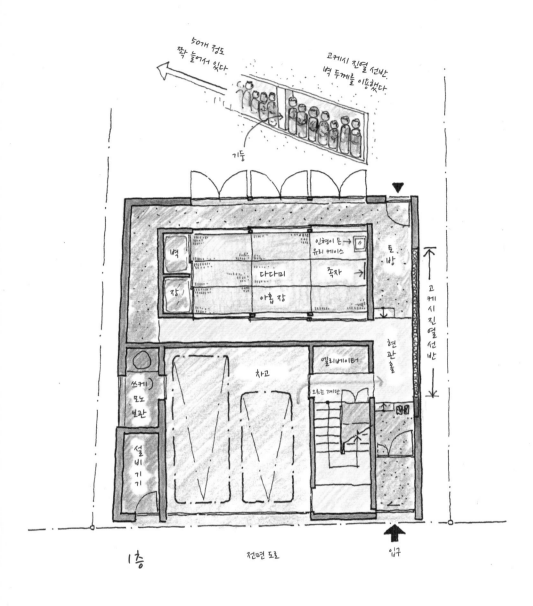

전면 도로

1층

입구

나야 형제의 본가인 '노시로의 주택'

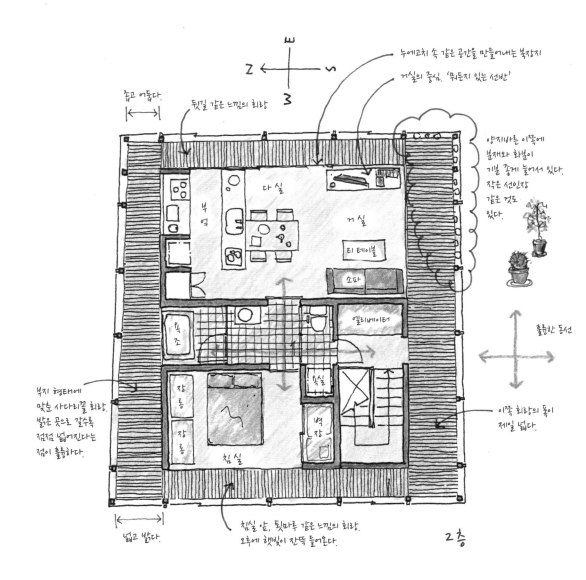

누에고치 속 같은 공간을 만들어내는 북장지

거실의 중심. '뭐든지 있는 선반'

좁고 어둡다.

뒷길 같은 느낌의 회랑

양지바른 이쪽에 분재와 화분이 기분 좋게 늘어서 있다. 작은 선인장 같은 것도 있다.

부지 형태에 맞춘 사다리꼴 회랑. 밝은 곳으로 갈수록 점점 넓어진다는 점이 훌륭하다.

다실

부엌

거실

티 테이블

소파

욕조

엘리베이터

훌륭한 동선

이쪽 회랑의 폭이 제일 넓다.

장롱

장롱

욕실

벽장

침실

넓고 밝다.

침실 앞. 툇마루 같은 느낌의 회랑. 오후에 햇빛이 잔뜩 들어온다.

2층

르 코르뷔지에의 '리본 윈도'를 연상시키는 외관.

그런 까닭에 이 노시로의 주택도 평면도에서 무언가를 읽어내려 했습니다. 평면 구성에 설계 의도가 직접적으로 표현되어 있어 보기에 따라서는 '지나치게 직접적'이라고도 느껴지는 이 평면도를 바라보던 중, '바닥 부분'(글에서라면 '행간'이라고 할 수 있는)에서 뭐라 표현하기 힘든 '평온'과 '따뜻함'이 감도는 듯 느꼈습니다. '평온'은 '쉼'이라는 말로 바꿔도 좋고, '따뜻함'은 어쩌면 '온기'라고 하는 게 더 적절할지도 모릅니다. 나이 지긋한 부부가 사는 2층의 종횡무진 자유로운 동선 계획(네잎 클로버 가장자리를 8자 모양으로 따라 도는 것 같은 이미지)은 일상생활에 크게 유용할 것 같았고, 2층 거실을 사각형으로 감싸고 있는 복도는 각처의 폭을 달리해 서로 다른 성격을 부여했습니다. 생활하면서 자연스레 코너마다 다른 사용법이 생겨날 것 같아 기대가 되는 공간이었지요. 또 동북 지역 주택답게 1층의 적당한 곳에 '쓰케모노'(채소를 식초, 소금, 된장 등에 절여 만든 저장 음식·옮긴이)를 위한 공간까지 제대로 확보해, 이 주택이 노시로의 풍토와 생활 습관에 단단히 뿌리 내린 설계라는 사실을 알아차릴 수 있었습니다.

　　자, 이렇게 되면 직접 눈으로 직접 보고 싶어지지요. 실내를 종횡무진 돌아다녀보고 싶어집니다. 또 형제의 부모님이 이 독특한 평면의 집에서 실제로 어떻게 살고 계시는지 흥미진진해지기도 하네요.

　　다행히 나야 형제와는 느긋하게 술잔을 기울인 적도 있었고, (저만 그런 게 아니라면) 약간 친한 친구 같은 느낌이라 바로 연락을 해서 긍정적인 대답을 얻었습니다. 그리고 "도호쿠 지방이니 아무래도 눈이 오는 계절에 견학하러 오는 게 좋겠다"며 착착 박자에 맞게 이야기가 진척되어갔습니다. 그렇게 해서 작년(2007년) 2월, 들뜬 마음으로 노시로의 주택을 향해 길을 떠나게 된 것이었지요.

　　아키타 공항에 도착하니 눈에 들어오는 것은 온통 설경이었습니다. 낮게 가라앉은 납빛 하늘에서는 고운 눈이 흩날렸고, 주변은 심해와도 같은 정적이 지배하고 있었습니다. 다운재킷의 옷깃을 여미고 목도리를 단단히 두르다가 나도 몰래 "엄청 춥구먼" 하고 아키타 사투리가 흘러나왔다면 거짓말이고, 사실 그날은 흩날리는 눈 사이로 엷은 햇살이 비치고 있었던지라 맥 빠질 정도로 따뜻한 날이었습니다.

1층 현관홀을 뒤돌아서 본 모습.
왼쪽 벽 벽체의 두께를 이용해 '고케시 진열 선반'을 만들었다. '열병식' 같다는 게 어떤 느낌인지 이해될 것이다.

아키타 공항에서 노시로까지는 차로 한 시간. 겨우 도착한 노시로의 주택은 사진에서보다는 다소 작아 보였습니다. 그래서 그런지 자신의 존재를 드러내려 한다는 느낌이 전혀 없었고, 그 점이 더 좋게 느껴졌지요. 건축 잡지에서 하듯, 검은 외벽이나 벽 상부에 ('서클 리본 윈도'라고 부르고 싶어지는) 횡장창橫長窓(가로로 긴 창-옮긴이)을 한 바퀴 빙글 돌려 설치한 외관만 잘라낸 후 포커스를 맞춰보면 '작품인 척'할 수도 있겠으나, 실제로는 어딘가 작은 상자 같은 사랑스러움이 느껴지는 집이었습니다. 아마 이 집 앞을 지나치는 이웃들은 "나야 씨네 형제는 도쿄에 나가 활약하고 있대요"라며 듣기 좋은 노시로 사투리로 말씀을 나누겠지요.

현관에도 '사랑스러운 느낌'이 있었습니다. 문을 열고 한 발 들여놓으니, 오른쪽 벽에 설치된 폭이 좁고 긴 함몰형 선반에 크기가 다양한 고케시(일본 도호쿠 지방 특산의 채색 목각 인형-옮긴이)가 줄지어 장식되어 있습니다. 현관에서 그대로 토방을 거쳐 정원 쪽으로 나갈 때마다 조금은 열병식閱兵式 기분을 맛볼 수 있게 정렬된 고케시. 이 목각 인형 컬렉션은 어머니의 취미라고 합니다. 그러니 이 선반은 형제가 어머니께 드리는 건축적인 선물인 것이지요.

양친이 일상생활의 대부분을 보내는 곳은 2층입니다. '겨울에도 밝고 개방적일 것', '콤팩트한 공간일 것'이 두 분의 요청이었습니다. 2층에 올라가 가볍게 둘러보는 것만으로도 훌륭한 공간 계획하에 그 요청을 완벽하게 충족시켰다는 것을 알 수 있었습니다.

위 : 장지를 닫으면 거실은 순식간에 누에고치 내부처럼 변한다.
양쪽에 종이를 바른 북장지는 단열뿐만 아니라 빛 연출 효과도 우수하다.
아래 : 이 주택에는 툇마루가 다다미방을 감싸고 있는 전통적인 일본 가옥의 기운이 짙게 감돈다.

그리고 특별히 언급할 필요가 있는 건, 양친이 이 주택을 완벽하게 잘 사용하고 있다는 데 강한 인상을 받았다는 사실입니다. 때때로 건축가가 설계한 주택에 사는 분들 중에는 '집에 휘둘리는' 불쌍한 사람들이나 '사는 데 지친' 불행한 가족도 있습니다. 그러나 나야 씨 부모님은 자신들의 생활 방식과 스타일, 생활 리듬을 전혀 무너뜨리지 않고, 집에 대해 조심스러워한다거나 편의를 포기하지 않고 자신들의 페이스대로 생활하고 있다는 것이 확실히 느껴졌지요. '유유자적'이란 이런 생활 모습을 말하는 것일지도 모르겠네요.

볕이 잘 드는 2층 남면 창틀과 나무 발판이 깔린 회랑에는 관엽식물과 선인장 화분이 기분 좋게 늘어서 있습니다. 거실 TV장에는 가족 앨범과 건축 전문지(물론 자랑스러운 아들들의 작품이 실려 있는 잡지겠지요)는 물론, 일상생활에 필요한 물건, 거기 있으면 편리한 문구류 등, 자질구레한 생활용품이 수납되어 있었습니다. 이런 광경을 통해 양친이 이 집에서 살아감으로써 느껴지는 편안한 기운과 착실한 생활의 흔적을 느낄 수 있어 훈훈한 기분이 들었습니다.

저는 '평상복 같은 주택'이라는 말을 좋아합니다. 그래서 제가 쓴 책 제목으로 사용한 적도 있었지요. 노시로의 주택이 풍기는 인상과 그들의 생활 모습은 그야말로 '평상복 같은 주택' 그 자체였습니다.

나야 형제가 "자, 그럼 이제" 하고 적절한 타이밍에 일어서니 아버님도 "아, 그렇지. 참" 하시며 얼른 자리를 털고 일어나셨습니다. 그러고는 손님에게 차를 내오는 정도의 가벼운 느낌으로 촬영을 위한 방 정리를 시작하셨습니다. 그 시원시원 재빠른 손놀림이란! 나야 형제와 아버님은 환상의 호흡으로 정리 작업에 몰두했고, 거실에서 순식간에 양친의 기적과 생활감을 지워버렸습니다. 눈 깜짝할 사이 말끔하게 남김없이.

그 선명한 변화를 여우에 홀린 듯 바라보고 있었지요. 아 참, 여우에게 홀린 것 같았던 그 순간, 기억 저편에 한 장의 사진이 떠오른 것도 밝혀둬야겠네요.

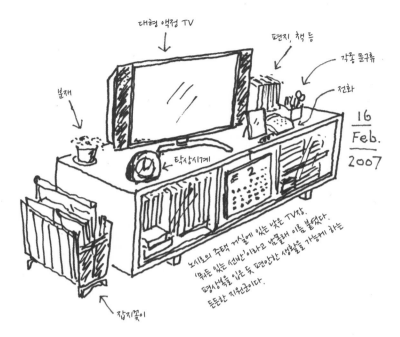

대형 액정 TV

편지, 책 등

각종 문구류

전화

분재

탁상시계

16
Feb.
2007

노지코의 주택 거실에 있는 낮은 TV장.
'무뚝 있는 선생님'이라고 남몰래 이름 붙였다.
평상복을 입은 듯 편안한란 생활을 가능케 하는
든든한 지원군이다.

잡지꽂이

'작은 집'이 실제로 사용되던 당시의 실내 사진

그 사진은 르 코르뷔지에가 설계한 '작은 집' 사진입니다. 다들 아시다시 피, 레만 호수 언저리에 있는 작은 집은 르 코르뷔지에의 모친 집으로 유명합니다. 작은 집 내부에 장식되어 있던 사진은 모친이 살고 있던 당시를 촬영한 것으로 보 이는 귀중한 기록이지요. 제가 그 사진을 보고 놀랐던 건, 실내의 모습이 현재 공 개된 집의 인상과 완전히 다르다는 점 때문이었습니다. 뭐라 표현할 수 없을 정도 로 사랑스러웠지요. 장식 선반에 있는 다양한 크기의 이런저런 물건들, 바닥에 깔 려 있는 무늬가 들어간 카펫, 자수를 놓은 의자 쿠션, 꽃무늬처럼 보이는 침대 커 버, 그 모든 것들이 스위스 '할머니'의 취향으로 통일되어 있었습니다. 사진에는 그 건축이 20세기 건축사에서 가장 유명한 건축 중 하나라는 것을 느끼게 할 만한 요소가 하나도 없었습니다. 실내를 감돌던 체온의 따뜻함과 평온한 공기만이 존 재했지요. 작은 집에서 르 코르뷔지에의 모친은 '내가 좋아하는 것들'로 '나다운 세계'를 만들어 생활하고 있었던 겁니다. 한 장의 사진을 통해, 건축가의 작품과 그곳에서 생활하는 사람의 관계에 대해 다시 한 번 생각해볼 기회를 얻었습니다. 그리고 그 사실을 잊지 않도록 조용히 그 사진을 카메라에 담아두었지요.

형인 마나부 씨는 "장지를 닫아볼까요?"라고 말하며 거실을 둘러싸고 있 는 모든 장지를 닫았습니다. 그러자 놀랍게도, 마치 누에고치 속에 있는 듯 거실 의 분위기가 변했습니다. 북장지(나무틀 양면 모두에 종이를 바른 장지문-옮긴이)를 통과한 자 연광이 적당한 밝기로 실내를 비췄고, 명주솜으로 짠 두건을 머리에 푹 뒤집어쓴 듯한 정적이 찾아왔지요. 그러자 영상 하나가 눈에 선하게 떠올랐습니다. 나야 형 제는 어느새 어린아이가 되어 있었고, 부모님이 웃으며 바라보는 가운데 누에고치 같은 실내를 사이좋게 뛰어다니며 놀고 있었지요. 그 광경이 생생히 떠오르는 것이 었습니다.

2층 회랑에서 스튜디오를 내려다보고 있는 다나카 겐 씨와 나.
다나카 씨 팔꿈치 바로 밑에 있는 것이 '다나카 레지던스' 모형이다.

다나카 겐田中玄

다나카 레지던스

1995년 미국 로스앤젤레스

다나카 레지던스는 임스 주택과 가까운 한적한 주거지에 있다.
온화한 캘리포니아의 햇살을 받으며 기분 좋게 서 있는 건물.

28년 전, 도쿄에서 로스앤젤레스로 이주한 후 생활과 일 모두를 자기 스타일대로 즐기는 다나카 겐이라는 건축가가 있습니다. 2003년 가을, 대학에서 공동 연구를 하는 학생들과 로스앤젤레스를 방문했을 때 코디네이터 겸 가이드 역할을 해준 건축가였습니다. 1940년대 후반에서 1960년대에 걸쳐 로스앤젤레스를 중심으로 주택 붐을 일으킨 '케이스 바이 스터디'를 견학하기 위한 방문이었지요. 건축이라면 무조건 좋아한다는 면(알기 쉽게 말하자면 '건축 오타쿠')에서 의기투합해 친해진 친구입니다.

그때 다나카 씨는 자신의 집을 개방해 우리 모두에게 점심을 차려줬습니다. '견학 투어 도중에 줄줄이 학생들을 몰고 가 레스토랑에서 식사하는 게 쉬운 일이 아니며 시간도 낭비된다'는 이유에서였지요. 그날 많은 인원이 한꺼번에 몰려갔기에 차분히 둘러볼 수는 없었지만, 천장이 높은 여유로운 공간과 집 구석구석 자연광이 비치는 밝고 탁 트인 실내에서 받은 인상이 오래도록 기억에 남았습니다. 언젠가 분명 다시 오게 되리라는 예감도 들었습니다. 그리고 5년 후, 연재를 위한 취재라는 형태로 그 예감은 보기 좋게 적중했지요.

'다나카 레지던스'(다나카 씨께 받은 도면 제목이 '다나카 레지던스'였습니다)의 부지는 짧은 쪽이 도로에 접한 가늘고 긴 직사각형입니다. 배치 계획에서 이 가늘고 긴 부지 형태를 어떻게 살릴지가 최초의 과제였으리라고 봅니다. 다나카 씨는 집에서 일하는 프리랜서이기 때문에 주택에 작업실이 필요합니다. 가늘고 긴 부지를 주택과 스튜디오 두 동으로 나눠 병렬로 배치하고, 동과 동을 출입 홀로 연결해 이 문제를 해결했습니다. 도로에 가까운 동에 차고와 스튜디오를 배치하고 안쪽에 주택을 설계했기 때문에 건물 입구에 접근하기 위해서는 스튜디오 옆을 지나치게 되는 구조입니다.

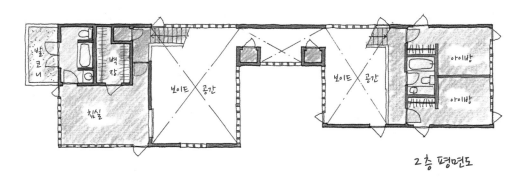

2층 평면도

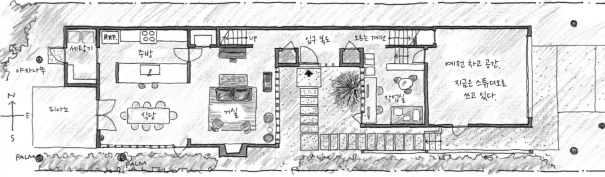

세탁기

REF.

주방

피아노

식당

거실

야자나무

입구 복도

오르는 계단

작업실

예전 차고 공간.
지금은 스튜디오로
쓰고 있다

발코니

벽장

침실

보이드 공간

보이드 공간

아이방

아이방

TANAKA RESIDENCE 1층 평면도
PACIFIC PALISADES CA.

잠깐 도면을 봐주시기 바랍니다. 주택을 좋아하는 독자라면 머릿속에 떠오르는 집이 있을 겁니다. 없다고요? 그럼 힌트를 하나 드리죠. 여기는 로스앤젤레스, '케이스 스터디 하우스'의 메카이던 곳입니다. 이제 아시겠지요? 정답은 케이스 스터디 하우스 중에서도 한층 이채로운 찰스 임스의 자택입니다.

다나카 레지던스의 배치 계획은 찰스 임스 자택의 그것을 방불케 합니다. 그렇다고 다나카 씨가 찰스 임스의 자택을 따라 했다는 말은 아니라는 사실을 서둘러 덧붙입니다. 가늘고 긴 직사각형 부지에 용도가 서로 다른 두 건물을 배치한다고 했을 때, 그 누가 설계해도 배치가 비슷해질 게 분명하기 때문입니다. 하지만 좀 더 깊이 생각해보면, 임스의 디자인을 각별히 사랑하고 임스 주택을 주택 건축으로서 높게 평가하는 다나카 씨가 자신의 집 배치 계획을 통해 임스에 대한 사랑과 찬사의 오마주를 담으려고 한 것도 충분히 가능한 이야기라고 생각합니다. 이 부분에 대해서는 다음에 다나카 씨와 만났을 때 직접 물어보도록 합시다.

건축 개요
명칭 : 다나카 레지던스
소재지 : 미국 로스앤젤레스
가족 구성 : 네 명
부지 면적 : 512.81㎡
건축 면적 : 151.62㎡
총 바닥 면적 : 226.68㎡
규모 : 2층
구조 : 목조(2×4 공법)
설계 : 겐 다나카 스튜디오

주거동 2층 침실 앞 복도에서 내려다본 거실 모습.
찰스 임스와 르 코르뷔지에의 의자, 아이린 그레이의 사이드 테이블 등,
넉넉한 공간 속에 자리 잡고 있는 명품 가구들.
난로 오른쪽 벽에 걸려 있는 유화가 미기시 세쓰코 씨의 작품이다.

공간적인 면에서도, 분위기적인 면에서도 오픈되어 있는 주방.
점심시간에 적극적으로 식사 준비를 돕는 아이들을 볼 수 있었다.
밝고 널찍해 누구든 식사 준비를 돕고 싶게 만드는 공간이다.

지금부터는 다나카 씨의 설명을 그대로 받아 옮겼습니다. 그 점을 참고로 읽어주세요.

이곳에 집을 짓기 전, 다나카 씨 부부는 다운타운의 로프트(공장을 개조한 아파트. 천장고가 높고 창이 큰 것이 특징이다.-옮긴이)에서 살았습니다. 바닥 면적이 250제곱미터(약 75평)나 되고 천장이 높은 여유로운 공간이었고, 거기서 부부는 주거와 일터가 하나로 된 자유로운 생활을 즐겼다고 합니다. 그런 까닭에 지금의 지역에 토지를 구해 집을 짓게 되었을 때 최우선으로 한 것 역시 '두 사람이 충분한 공기를 마시며 생활할 수 있는 공간'이었다고 합니다. 게다가 예산도 한정되어 있었기 때문에 저비용으로 그 목적을 달성할 수 있는지가 이 건물의 주요 테마가 되었습니다. 더군다나 이 지역에는 건축심사위원회가 있기 때문에, 지붕에 함석을 올린 공장 같은 외관은 허락되지 않는 곳이기도 했습니다. 즉 적은 비용을 들인 듯한 느낌을 전면에 내세운 가건물 같은 건축이어선 안 되고, 그 나름대로 제대로 만든 건물이어야만 했던 것이었지요.

그러나 다나카 씨는 "저비용을 위한 방식은 더없이 간단했다"라고 담백하게 이야기했습니다. 다나카 씨가 말하는 저비용 방식이란 '벽을 최대한 만들지 않고, 특별한 마감을 하지 않으며, 내부 장치를 줄이고, 창틀 아이디어를 고민하는 것'이었다고 합니다. 창틀 아이디어라는 것도 극히 담백한 것이었습니다. 보통이라면 사이 기둥(스터드)을 절단해 액자형 창틀을 끼워 넣지만 이렇게 하면 절단하는 수고와 액자틀을 끼워 맞추는 일이 늘어납니다. 그래서 스터드를 그대로 드러낸 채로 외벽에서 유리를 붙여 고정하는 것만으로 창을 만들었지요. 창틀에 비스듬히 교차하는 금속 고정 장치도 굳이 숨기려 하지 않았고 오히려 실내에 노출시켰습니다.

그런데 이렇게만 쓰면, 조악한 느낌의 저비용 건축을 상상할지도 모르겠네요. 하지만 실제로 보면 전혀 그렇지 않습니다. 자연스레 두 팔을 활짝 펼쳐 기지개를 켜고 싶을 정도인, 널찍한 공간이 준 첫 방문 때의 인상은 지금도 변함없습니다. 구석구석까지 빛이 넘치는 공간, 여유로운 시간과 공기의 흐름이 느껴지는 그곳만의 안락함은 독특합니다. 널찍한 공간 속, 있어야 할 그 자리에 명품 가구들, 선명한 색의 깔개, 다양한 잡화와 장식품을 주의 깊게 배치해 공간에 악센트가 되고 있었지요. 또 보는 각도에 따라, 본 목재 그대로 마감한 스터드가 마치 세로 격자처럼 보여 일본적인 분위기까지 흘러나오고 있었습니다.

다나카 부부의 다양한 '설비 효과'를 확인하고, '주택은 간소한 상자로 충분하다'고 하는 건축가 다나카 겐의 내부 깊숙이 흐르는 흔들림 없는 신념을 슬쩍 엿보고 나니 다시금 임스 주택을 떠올리지 않을 수 없습니다. 묘한 표현이지만 '임스 주택의 조카뻘 되는 주택이 여기에 있다'라는 느낌이 드는 건 어쩔 수가 없네요.

다나카 레지던스 내부를 돌아보던 중, 제가 특히 좋다고 생각했던 것이 네 가지 있었습니다. 그 하나는 계단과 계단이 'V자 형태'로 마주 보는 부분입니다. 폭이 좁고 천장이 높은 입구 홀을 사이에 두고, 스튜디오동 작업실에서 2층 아이 방으로 오르는 계단과 주택동 거실에서 2층 침실로 올라가는 계단이 만나는 지점이지요. 두 계단 모두, 완전히 내려선 곳에서 뒤를 돌아보면 그 다이내믹한 공간에 눈길을 빼앗기고 맙니다. 현관홀 좌우의 옷장으로 좁은 폭과 높이가 더 강조되는데, 마치 크레바스(빙하의 표면에 생긴 깊은 균열-옮긴이)를 보는 것 같은 공간 효과를 자아냈습니다.

위 : 다이닝 룸에서 거실 쪽을 바라본 모습.
개방적이며 천장고가 높은 거실은 원래 면적보다 훨씬 더 넓어 보인다.
아래 : 스터드 윈도가 잘라낸 빛과 바람.
푸른 하늘을 배경으로 이 집의 트레이드마크인 팜트리가 바람에 흔들리고 있다.
그야말로 캘리포니아 드림 그 자체인 풍경이다.

두 번째는 다나카 레지던스의 대형 고정창입니다. 앞서 언급한, 스터드를 그대로 노출시킨 고정창(저는 비밀리에 그 창에 '스터드 윈도'라는 이름을 붙였습니다)이지요. 이 스터드 윈도가 캘리포니아의 하늘과 빛, 바람을 도려내어 실내로 끌어들이는 시각적인 효과는 다나카 레지던스에서 꼭 살펴봐야 할 부분 중 하나입니다. 정교한 디테일의 창으로는 이처럼 경쾌하게 캘리포니아의 분위기를 실내로 끌어들이지 못할 테니까요.

세 번째는 집 안 어디든 그림이 걸려 있다는 점입니다. 주택동 거실에 발을 들여놓은 순간 "엇, 뭐지 저건?" 하며 그 자리에 잠시 멈춤 상태가 되어버린 적이 있었습니다. 난로 옆에 장식되어 있던 그림이 갑자기 시야에 들어왔기 때문이지요. 미기시 세쓰코三岸節子의 유화였습니다. 나중에 들은 얘기인데, 다나카 레지던스에는 총 서른두 점의 그림이 걸려 있다고 합니다. 이처럼 자연스레 그림과 함께 생활하는 모습을 보고 있으면 다나카 씨의 부친께서 저명한 서양화가라는 사실을 떠올릴 수밖에 없네요. 가정환경이란 역시 큰 영향을 끼치나 봅니다.

자, 이제 다시 한 번 다나카 씨의 말로 이 견학기를 맺어볼까 합니다. 다나카 레지던스의 모든 것을 있는 그대로 간결하게 보여준다고 생각하기 때문입니다.

"내가 항상 추구하는 것은 캘리포니아의 건조한 공기와 투명한 빛을 충분히 끌어들일 수 있는, 안팎이 서로 다르지 않은 건강 주택입니다. 일본에서 건너와 캘리포니아 라이프스타일을 즐기던 우리는 많은 사람이 모여도 즐거운 집, 충분한 공기를 확보할 수 있는 볼륨감 있는 집, 파티를 하면 사람이 모이게 마련인 주방이 뒷전으로 밀려나지 않는 집에 대한 이미지를 가지고 있었던 거지요."

위 : 저명한 화가, 조각가의 작품이 나란히 걸려 있는 현관홀.
마치 회화 갤러리 같다. 산뜻한 색의 작품이 이 집 분위기에 잘 어울린다.
아래 : 2층 아이 방 앞 복도에서 내려다본 스튜디오.
아이 방과 스튜디오가 같은 동에 있기 때문에 아이들은 스튜디오의 컴퓨터를 가지고 놀기도 한다.
아버지의 작업실이 아이들 근처에 있는 건 참 좋은 일인 것 같다.

양지바른 거실 바닥에 주저앉아 나누는 담소는 더욱 각별하다.
예전부터 그랬지만, 고바야시 씨와의 대화 주제는
'건축'보다는 압도적으로 '영화'가 더 많았다.

고바야시 다케시 小林武

카사-K

1984년 도쿄 네리마 구

정원 쪽에서 바라본 외관.
왼쪽에 보이는 둥근 지붕 부분이 딸의 방이었던 부분. 지금은 고바야시 씨의 작업실로 쓰고 있다.

고바야시 다케시 씨의 자택 '카사-K'. 바로 코앞에 있을 텐데도 좀처럼 찾지 못하고 같은 장소를 몇 번이나 빙글빙글 돌았습니다. 내 기억에 이 근처는 커다란 느티나무로 둘러싸인 농가와 밭이 남아 있어, 무사시노 평야의 분위기가 짙게 감돌았습니다. 그러나 지금은 넓은 농가 부지가 세분화되어 주택이 빽빽하게 서 있는 풍경으로 바뀌었습니다. 지도도 없이, 불확실한 주소와 20년 전의 기억만으로 찾아가겠다고 생각한 것 자체가 오산이었던 모양입니다. 혼자 찾아가는 걸 포기하고 고바야시 씨께 전화를 해 지금 제가 있는 곳을 말씀드렸습니다.

　　"바로 근방이니까 보이는 곳까지 제가 데리러 갈게요."

　　예전과 변함없는 쾌활하고 경쾌한 목소리가 되돌아왔습니다.

　　이 주택이 완성된 1984년 겨울, 집들이가 있어 가까운 친구들과 떠들썩하게 몰려간 적이 있었습니다. 파티가 시작되자마자 고바야시 씨가 했던 말을 지금도 확실히 기억하고 있지요.

　　"이 집은 여하튼 너무 춥기 때문에, 바닥 난방을 하지 않을 때는 소파 위에 책상다리로 앉아 바닥에서 발을 띄워야 해요. 바닥면에서 10센티미터 정도까지는 물을 채운 연못처럼 차가워지니까요."

건축 개요

명칭 : 카사-K

소재지 : 도쿄 네리마 구

가족 구성 : 부부

부지 면적 : 282.48㎡

건축 면적 : 97.05㎡

총 바닥 면적 : 123.72㎡

규모 : 2층

구조 : 철근 콘크리트

설계 : 고바야시 다케시

이 이야기를 계기로, 고바야시 씨는 안팎을 노출 콘크리트로 마감한 건물에서 느끼는 극심한 추위와 찌는 듯한 더위가 얼마나 지독한지, 어느 정도로 상상 이상인지에 대해 거침없이 이야기했습니다. 설계자 본인이 이야기하는 건물의 실정인 데다 생활인으로서의 체험담이기 때문에 모든 이야기가 구체적이었습니다. 독립한 지 얼마 되지 않은 저에게는 큰 공부가 되었지요. 건축가라는 종류의 사람은 자신이 설계한 건물이 얼마나 훌륭한지, 그 장점과 장래성, 설계의 기교 등 '공적'에 대한 것에는 말솜씨가 좋고 수다스럽지만, 설계 의도에서 빗나간 점, 예상외의 실패, 설계상에서 반성해야 할 점은 외면하려고 합니다. 게다가 그 대부분을 타인에게는 이야기하려 들지 않지요. 하지만 고바야시 씨는 그런 것들을 숨기려 들지 않고 있는 그대로를 이야기하는 부류의 사람입니다.

게다가 그의 이야기는 멍하게 흘려들을 수가 없습니다. 참으로 고바야시 씨다운 유머와 비꼼, 자조가 뒤섞인 경고의 말을 이야기 중간중간에 끼워 넣기 때문입니다. 지난번에 들렀을 때도 "건축주에게 자주 얘기하지. 건축가의 말을 그대로 받아들여서는 안 된다고" 하는 식의 말들을 툭툭 편하게 하시는 걸 보니 고바야시식 직설 화법은 여전히 건재한 듯했습니다.

갑자기 고바야시 다케시 씨의 인품과 성격에 대한 소개가 되고 말았네요. 이제 주제로 돌아가 '카사-K'에 대해 소개해보도록 하겠습니다.

카사-K는 둥근 지붕을 얹은 두 동의 건물을 L자형으로 배치한 주택입니다. 한 동에는 거실, 식당, 주방 등 모두를 위한 공간이 있고, 또 하나의 동에는 침실, 아이 방, 아틀리에 등의 공간이 할당되어 있습니다. 두 개의 동은 시각적으로도 그렇지만 구조적으로도 서로 떨어져 있으며, 두 건물 사이의 공간이 출입 부분으로 할당되어 있습니다.

앞에서 잠시 언급했듯, 안팎 모두 노출 콘크리트로 마감되어 있습니다. 설계 당시의 계획으로는 둥근 지붕 위에 단열층 역할을 해줄 흙을 얹어 잡초를 키울 생각이었으나 풀이 무성한 지붕은 탐탁지 않다는 사모님의 반대로 그 상태 그대로 마감했다고 합니다.

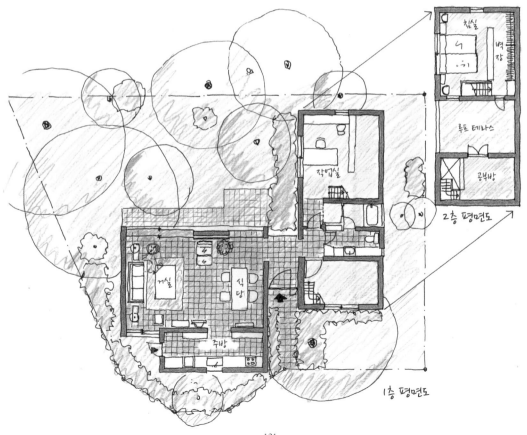

'체육관처럼 커다란 방'을 원한다는 아내의 요청에 '심리적으로는 대답했다'고 하는 널찍한 거실.
작은 소리까지도 잘 들리는 음향 효과(?)를 겸비하고 있다고 한다(그런데 그게 좋은 겁니까?).

가구가 몇 점 늘어난 것 빼고는 완성한 당시와 거의 변함이 없는 실내 분위기.
거주자의 의지가 강하지 않으면 이렇게 관리하기란 좀처럼 쉽지 않다.

사실, 오랜만에 카사-K를 방문한 저에게는 확인해보고 싶은 게 있었습니다. 아니, '확인해보고 싶다'기보다는 오감을 이용해 '느껴보고 싶다'는 생각을 했다는 것이 더 정확한 표현일지 모르겠네요.

"음… 이 건축, 어딘가에서 본 적 있는데!"

20여 년 전, 카사-K를 두 번째 방문했을 때 든 생각이었습니다. 그러나 아무리 해도 그게 어디였는지 떠올릴 수가 없었지요. 나중에서야 그것이 르 코르뷔지에의 '메종 자울'이었음을 깨달았습니다. 규모는 다르지만, 두 동으로 구성되어 있다는 점, 그 두 동에 각도가 90도 다른 원형 지붕을 올렸다는 점, L자형 배치, 현관문의 변칙적인 경첩의 위치, 한 되짜리 됫박을 매달아놓은 것 같은 누조漏槽(빗물이 떨어지는 구멍)의 형태 등, 둘 사이에 비슷한 점이 많았습니다. 당초의 계획대로 흙을 올린 둥근 지붕에 잡초가 무성하게 자라고 있었다면 그 인상은 한층 더 메종 자울에 가까워졌을 겁니다.

오해를 피하기 위해 덧붙이자면, 역사적인 명작에 대해 이런 형식으로 경의를 표하는 방식을 저는 좋게 생각합니다. 건축 방식 중 하나로 완전히 자리매김하는 데는 찬성하기 어렵지만, 그것을 '인용'이라 부를 수 있지요. 물론 그가 단순히 건축 방식을 따라 하겠다고 생각한 건 아니었을 겁니다. 그보다는 오히려 르 코르뷔지에를 향한 '오마주', 혹은 건축의 형태를 한 '러브 레터'라 하는 것이 더 적절하리라고 봅니다. 게다가 건물의 겉모양만 비슷할 뿐, 건축에서 제일 중요한 공간 배치는 고바야시 씨만의 독창적인 아이디어니까요.

카사-K를 방문해 확인해보고 싶은 것은 두 가지였습니다. 그 하나는 (다른 그 누구도 아닌) 르 코르뷔지에의 건축을 견학할 때마다 강하게 느낀 독특한 '냄새' 혹은 '분위기'를 카사-K에서도 느낄 수 있는가 하는 것이었습니다. 또 하나는 고바야시 씨가 영화 〈아라비아의 로렌스〉와 사막에 매료된 나머지 10년 정도 근무한 요시무라 준조 건축사무실에서 퇴사한 후 부부 동반으로 두바이로 이주한 것과 관련이 있습니다. 그런 그가 귀국한 후에 세운 이 주택에서 이슬람과 아랍 건축의 영향을 느낄 수 있는지가 궁금했던 것입니다.

20여 년 동안 르 코르뷔지에의 꽤 많은 작품을 견학했고, 잠시나마 그 건축 공간을 몸으로 느낀 경험이 있습니다. 또 이슬람과 아랍권 국가로도 여러 번 여행을 다녔기 때문에 그 경험에 비춰 카사-K를 새롭게 바라보고 싶었던 것이지요.

결론부터 말하자면, 카사-K에서 르 코르뷔지에의 냄새나 아라비크한 분위기는 생각만큼 강하게 느껴지지 않았습니다. 제 예상과 반대였지요. 노출 콘크리트 벽과 둥근 천장, 전면을 타일로 마감한 바닥, 그 바닥 위에 깔린 페르시아 양탄자, 르 코르뷔지에가 디자인한 테이블. 실내를 둘러보면 재료는 완벽합니다. 그러나 그것들이 뿜어내는 분위기는 오히려 일본적이라 불러도 좋을 것들이었습니다. 커다란 개구부에서 부드럽게 정원으로 이어졌다가 다시 실내로 흘러 들어오는 유동적인 공간. 그 커다란 개구부를 가능케 한 두껍닫이와 그 속에 단정히 정리되는 유리문, 방충문, 장지 같은 창호 디자인 등. 바닥에 주저앉아 이야기를 나누는 동안, 일본 민가의 다다미방이나 툇마루에 있는 것 같은 착각에 사로잡혔습니다.

"침실도 보세요."

권하시는 대로 여객선의 객실을 연상시키는 콤팩트 사이즈의 침실동 내부를 둘러보았습니다. 그러자 이번에는 가루이자와 소재의 '요시무라 산장'을 떠올릴 수 있었습니다. 카사-K는 "요시무라 준조풍의 섬세한 디테일을 계승한 설계가 아닌, 디테일을 가능한 한 없앤 심플한 건축으로 하고 싶었다"라는 고바야시 씨의 말은 예전부터 자주 들어온 말이었습니다. 그런데 그렇게 설계된 공간에서 요시무라 건축 특유의 냄새가 떠다니고 있는 건 왜일까요? 그것이 적절한 규모에서 오는 것인지, 사다리 모양 계단의 형태 등 디테일에서 연상되는 것인지, 아니면 그 둘이 결합된 데서 오는 것인지 저로서는 알 수 없었지만, 그런 느낌을 강하게 받았다는 것만은 확실합니다. 좋든 싫든 스승의 영향은 쉽게 지워낼 수 없는 건지도 모르겠네요.

위 : 현관홀 벽에 박혀 있는 아라비아 글자 타일.
찾아온 사람에게 여기 사는 사람이 사막과 아랍 문화를 좋아한다는 것을 자연스레 일러주는 꽤나 깜찍한 방식.
아래 : 현관 옆의 큰 나무가 서어나무다. 20년이나 지났는데도 노출 콘크리트는 놀랄 만큼 깨끗하다.
수목이 가득한 은혜로운 환경 때문일까?

카사-K를 1920년대 르 코르뷔지에풍으로 그리면 이런 모습일 것이다.

"이 집에서 제일 마음에 드는 곳은 어디인가요?" 하는 질문을 받자마자 고바야시 씨는 "장소!"라고 대답하시더군요. '장소'란 서어나무를 시작으로 다양한 수목이 빽빽이 자라고 있는 카사-K의 부지를 말합니다. 고바야시 씨는 이 장소에서 태어나 자랐고, 자신의 집을 지어 오랜 세월 살아왔습니다. 그리고 이 장소에서 무남독녀를 길러 이 장소에서 시집을 보냈지요. 그리고 지금은 아내인 구미코 씨와 두 분이 생활하고 있습니다. 어릴 적 올라가 놀던 서어나무가 그런 고바야시 부부를 커다랗게 감싸 안은 채 지켜주고 있는 것이지요.

"정원에 다다미 두 장 반짜리 오두막을 짓고 거기로 이사 가는 게 꿈이야. 아내하고 딸에게 이 집을 몽땅 넘기고 말이지."

그 이야기를 들으며 남프랑스에 있는 오두막 모습을 어렴풋이 떠올렸습니다. 르 코르뷔지에가 만년을 보낸 오두막을 말입니다.

2층, 고소공포증 말고 고소평온증(?) 덱에서 기념 촬영.
아이자와 씨는 이 사진을 촬영한 지 2주 후 둘째 딸을 출산했다. 축하합니다.

마쓰노 벤松野勉, 아이자와 구미相澤久美

푸foo

2001년 도쿄 미나토 구

저는 지바의 한 어촌에서 태어나 자랐습니다. 어릴 적, 그 근방의 동네에서는 어느 집이건 문을 열어놓고 살았습니다. 잠시 집을 비울 때 문을 잠그거나 하지도 않았지요.

어머니와 함께 외출했다가 비를 만난 적이 있었습니다. "아, 빨래!" 하며 둘이 황급히 집에 돌아와보니, 열어놓고 나간 툇마루 쪽 유리문이 잘 닫혀 있었고 단정히 개킨 빨래가 옷장 앞에 가지런히 놓여 있었습니다. 나중에 알고 보니, 눈치 빠른 옆집 아주머니가 한 일이었습니다. 또 이런 일도 있었습니다. 사람 기척이 느껴지기에 바라보니, 이웃집 할머니가 자귀나무 그늘이 드리운 우리 집 툇마루에 앉아 완전히 편안한 모습으로 담배를 피우고 계셨지요. 아이들은 아이들대로 서로의 집을 오가며 지냈습니다. 다른 집에서 밥을 먹기도 하고 목욕을 하기도 했고, 가끔은 그대로 그 집에서 자고 오는 일도 있었습니다. 어촌이니 부지 경계 같은 게 애매하기도 했고 집 구조도 개방적이었기에 심리적으로 그렇게 되기 쉬웠던 겁니다.

옛일을 떠올린 건, 마쓰노 벤 씨와 아이자와 구미 씨의 '자택' 겸 '설계 사무소' 겸 '이벤트 공간' 겸 '대여 사무실'인 푸를 방문해 이런저런 이야기를 들으면서였습니다. 한 공간을 나눠 쓰고 있는 편집 사무소 멤버나 방문객, 스태프들과 함께하는 북적북적한 식사 시간 이야기, 마쓰노 씨 부부가 외출하고 없을 때 그 멤버 중 누군가가 학교에서 돌아온 딸을 보살펴준다는 이야기, 자기들이 없을 때 친구들이 먼저 집으로 들어가 파티를 시작했다는 이야기 등, 푸에서 볼 수 있는 일상적인 모습에 대한 이야기들. 즉 제가 어릴 때 경험한 것과 비슷한 일들이 푸에서 일상적으로 일어나고 있었지요.

양측 건물에 꽉 낀 푸는 깃대형 부지의 장대 부분까지 튀어나와 있다.

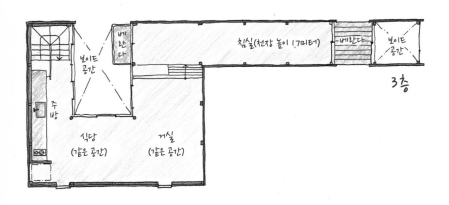

침실(천장 높이 1.7미터)

베란다

보이드 공간

베란다

보이드 공간

주방

식당
(같은 공간)

거실
(같은 공간)

3층

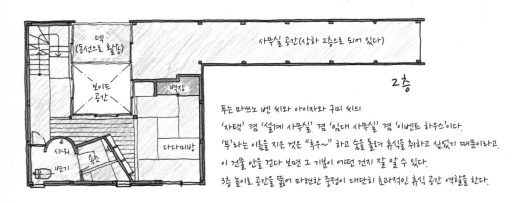

덱
(동선으로 활용)

사무실 공간(상하 2층으로 되어 있다)

보이드 공간

벽장

샤워
변기

욕조

다다미방

2층

푸는 마쓰노 벤 씨와 아이자와 구미 씨의

'자택' 겸 '설계 사무실' 겸 '임대 사무실' 겸 '이벤트 하우스'이다.

'푸'라는 이름을 지은 것은 "후우~" 하고 숨을 돌려 휴식을 취하고 싶었기 때문이라고.

이 건물 안을 걷다 보면 그 기분이 어떤 건지 잘 알 수 있다.

3층 높이로 공간을 뚫어 마련한 중정이 대단히 효과적인 휴식 공간 역할을 한다.

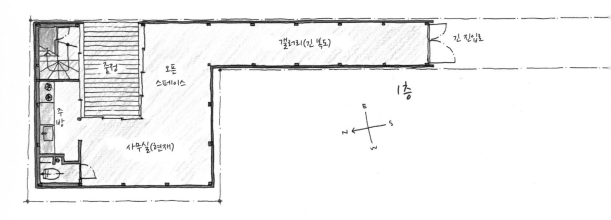

갤러리(긴 복도)

긴 진입로

중정

오픈
스페이스

주방

사무실(현재)

1층

E
N · S
W

푸의 사진과 기사를 책에서 봤을 때, 뭔가가 제게 딴죽을 걸고 있다는 느낌이 들었습니다. 그런 느낌이 든 건, 협소한 깃대형 부지에 세운 주택이어서도 아니고, 사무소에 출입하기 위해 사다리를 펼친 것 같은 다리를 오르내려야 해서도 아니고, 동물의 포근한 둥우리 같은 느낌을 주는 천장 높이 1.7미터의 침실 때문도 물론 아닙니다. 굳이 말한다면, 그런 방식으로 사용하는 건물을 생각해내고 그것을 실현해 그곳에서 보내는 생활을 실천하는 건축가 커플이 있다는 것 때문일 겁니다. 책을 보며 "오, 그렇구나" 하고 일단 이해했습니다만, 나중에 다시 보니 이해한 것의 정체가 무엇이었는지 도무지 알 수가 없었습니다.

푸를 방문한 배경에는 그런 개운치 않은 의문의 답을 찾고 싶다는 기분이 있었습니다. 좁은 깃대형 부지 안쪽, 양쪽 건물에 끼여 찌그러질 것 같이 보이는 푸의 흰 벽 외관은 완성한 후 6년이 흐른 지금 적당한 정도로 약간 오염되어 있어 (실례!) '잘난 척하지 않는 집, 담백한 집'이라는 느낌을 뿜어냅니다.

그리고 내부 역시 철골을 그대로 드러내어, 격식에 얽매이지 않는 '바라크(barrack, 가설 건물-옮긴이)'적인 매력을 자아내고 있습니다. 이런 바라크 취향 혹은 일종의 '무뢰파無賴派적 스타일'은 그의 스승인 이시야마 오사무石山修武 씨에게 물려받은 건지도 모르겠네요.

건축 개요

명칭 : 푸foo

소재지 : 도쿄 미나토 구

가족 구성 : 부부+자녀 두 명

부지 면적 : 89.30㎡

건축 면적 : 53.56㎡

총 바닥 면적 : 160.68㎡

규모 : 3층

구조 : 철재

설계 : 마쓰노 벤+아이자와 구미, 라이프 앤드 셸터

오른쪽이 라이프 앤드 셸터 건축 사무실. 복도 안쪽의 밝은 부분이 입구이다.

위 : 편집 프로덕션 작업실로 사용 중인 터널 형태의 임대 사무실 부분.
아래 : 3층의 자택 부분. 침실층에서 아이자와 씨의 작업장과 거실을 내려다본 광경.

사다리를 타고 오르내렸던 '라이프 앤드 셸터Life and Shelter(마쓰노 씨와 아이자와 씨의 설계 사무소)'는 최근 1층으로 옮겼다고 합니다. 이전에 '다목적 공간'이라 불리던 장소가 사무실이 되어 있었지요. 예산이 없는 현장에서는 공사 중인 건물 일부를 우선 현장 사무소로 쓰기도 하는데 어쩐지 그런 분위기가 감도는 사무실이었습니다.

외관을 보고 직감적으로 느낀 '잘난 척하지 않는 집', '담백한 집'이라는 분위기, 즉 '방문자를 거절하는 기미가 없는 집'이라는 느낌은 사실 이 건물을 효율적으로 활용하는 데 필요한 조건이었습니다. 마쓰노 부부의 이야기를 듣는 동안 알게 되었지요. 마쓰노, 아이자와 콤비는 서른 평도 안 되는 깃대형 부지의 건물 안에 건축가와 편집자, 디자이너가 공간을 나눠 쓰는 오피스 공간과 이벤트 공간, 자신들의 주거를 '잡탕 찌개'처럼 그대로 집어넣길 꾀했습니다. 이 건물이 완성된 당시의 인사장(독립 선언'이라 부르고 싶을 만큼, 목소리 드높은 문장입니다!)은 이런 내용입니다.

우리는 이 공간을 건축을 기반으로 한 다양한 사람, 일체의 사물, 정보가 모였다가 흩어지는, 도시 생활의 허브로 만들고 싶습니다. 일상적인 비즈니스가 전개되는 동시에 정보의 수신과 발신을 계속해나가는 장소. 여기서 발생하는 네트워크는 지역이나 커뮤니티에 제한되지 않고 월드와이드로 이어져나갈 것입니다.

간단하게 말하자면 이 건물은 잡탕 찌개를 담는 '냄비'입니다. 이 건물에 빈번히 출입하는 사람이 그때마다 긴장한다거나 어렵게 여긴다면 말도 안 되는 것이지요. 다종다양한 사람들이 자유롭게 드나들 수 있는 분위기 그 자체가 이 건물의 가장 중요한 진면목인 것입니다.

단시간에 견학하고 이야기를 들은 것만으로도, 그들의 '선언'대로 계획 당초의 의도가 실현되었다는 걸 알 수 있었습니다. 또 '일단은 이렇게 해두자'고 하는 미완성의 느낌, 발전 도중이라는 느낌이 건물 전체에 깊이 감돌던 것도 특별히 언급하고자 합니다.

3층에 있는 마쓰노, 아이자와 씨의 거실(과도 같은 공간)에서 한담을 나누고 있던 중, 라이프 앤드 셸터 직원이 올라와 차를 내주셨습니다. 스태프는 입주 제자라고도 할 수 있을 텐데, 주택에도 자유롭게 출입할 수 있는 듯 보였습니다. 그런 모습을 보다가 '이 집의 프라이버시는 어떻게 지켜지고 있을까?' 하고 문득 신경이 쓰였습니다. 그런 저의 궁금증을 재빨리 눈치챈 아이자와 씨가 다음과 같이 설명해주셨지요.

"이런 스타일의 집을 설계할 수 있는 건, 그 집에 사는 안주인의 성격을 따라갔기 때문인지도 모르겠어요. 저희 집은 아버지가 연극 일을 하고 극본을 쓰셨기 때문에 극단원이 자주 드나들었죠. 그 사람들과 가족처럼 생활했어요. 제가 그렇게 자랐기 때문인지 타인이 내 집에 있다는 게 전혀 불편하지 않아요."

도무지 흠잡을 데 없는 설명이었습니다.

그건 그렇다 치고, 도입부에 '책에서 보고 일단은 이해했지만 왜 이해했는지는 모르겠다'라는 말을 썼는데, 책에 실려 있던 평면도가 우표 사이즈라 확실히 이해할 수는 없었지만, 그 당시에는 '이건 이걸로 성립되었다고 생각하자'라고 이해하고 넘어갔던 것 같습니다. 아무리 봐도 다종다양한 사람들의 영역 분류와 동선을 건축적으로 어떻게 해결하고 있는지 이해되지 않은 상태였지만요.

어수선해지기 쉬운 주방은 타인의 눈에 띄지 않도록 하자든가, 아무래도 세면장은 손님용을 따로 만드는 게 좋겠다거나, 거실을 통과하지 않고 욕실로 갔으면 좋겠다거나 하는 사항들을 건축적으로 해결하고자 한다면, 머리를 짜내고 평면도도 이리저리 쥐어짜야만 합니다. 그러나 그런 것들이 전혀 상관없다고 깨끗하게 결론을 내린다면 이런저런 고민을 할 필요가 없어지는 거지요. 뭔가가 내게 딴죽을 건 듯한 기분이 든 건, 그런 생활인의 편의를 '지나치게 신경 써서' 온갖 괴로움을 겪는 건축가가 바로 나였다는 사실을 새삼스레 깨닫게 되었기 때문인지도 모르겠네요. '이런 건축적 사고방식도 있을 수 있다'라는 것이 결국 그 이해의 정체였던 것이었지요.

마쓰노, 아이자와 씨 자택 부분의 식당과 주방.
천장에는 철골 프레임이 "자, 어떠냐!" 하며 당당히 노출되어 있다.

이렇게 쓰고 보니 '그렇다면 푸는 건축적 해결을 하지 못하고 있는 건가?'라고 성급하게 결론 내리는 독자가 있을 것 같네요. 그래선 안 되니 급히 결론부터 덧붙이자면, 그건 아닙니다. 건물 중심에 있는 중정과 개방적인 높은 천장이 그런 문제를 대담하고 능란하게 해결하고 있었으니까요. 중정과 개방적인 높은 천장이 이 건물을 출입하며 활용하는 사람들에게 '폐' 역할을 해주고 있다고 한다면, 독자 여러분도 그 건축적인 의미를 감각적으로 이해하실 수 있으리라 생각합니다.

　　건물 내부를 돌아보다가 3층 복도에 접어들 무렵, 마쓰노 씨는 앞서 걸어가던 제 등에 말을 걸 듯 진지한 어조로 이런 말을 하더군요.

　　"나카무라 씨. 이 건물 괜찮습니다!"

　　그러고는 곧 이런 말을 덧붙였습니다.

　　"내 입으로 말하기는 좀 그렇지만…."

　　사실 어쩌면 마쓰노 씨는 "이런 건축의 진가를 나카무라 씨가 제대로 평가할 수 있겠습니까?"라고 묻고 싶었는지도 모르지요.

　　여기서 정직하게 고백하자면, 만약 실제로 그런 질문을 받았다면 '예스'라고도 '노'라고도 잘라 말하지 못하고 애매하게 말을 흐렸을 겁니다. 아마도요.

이 난간 없는 덱이 임대 사무실을 오가는 주요 동선이 된다는 사실을
도면을 통해서는 전혀 읽어낼 수 없었다.

2층 다다미방의 '선 덱'. 마치 '공중 툇마루' 같은 공간이다.
한창 이야기 중인 고다마 씨와 내 뒤를 감싼 초록 커튼은 '당나팔백합'의 잎사귀들.
여름에는 직사광선을 막아주고
겨울에는 태양광을 실내로 끌어들이는 '전자동 천연 커튼'이다.

고다마 유이치로 小玉祐一郎

쓰쿠바의 집 I

1984년 이바라키 현 쓰쿠바 시

어릴 때 '과학 하는 마음'이라는 말을 자주 들었습니다. 그 말을 들으면 중학교 국어 교과서에 있던 글 한 편이 떠오릅니다. 나카야 우키치로中谷宇吉郎(물리학자이자 수필가. 세계 최초로 인공 눈을 만들어냈다.-옮긴이)의 《눈을 만드는 이야기》라는 수필입니다. 당시 스스로를 과학 소년이라 생각하던 저는 영하 수십 도의 저온 실험실에서 눈이(정확히는 눈의 결정이) 만들어진다는 이야기에 가슴이 요동치고는 했습니다. 가르쳐주신 분은 여자 선생님이었는데, 지금 생각해보니 그 수업은 정말 훌륭했습니다. 수업을 '명연기'라 표현하는 게 이상할지 모르겠지만, 선생님은 문장에서 실험 모습을 해독해내서는 '지난번에는 이렇게 해서 실패했고 이번에는 이렇게 해서 성공했다'라는 식으로 실험 결과 하나하나를 친절하게 그림으로 풀어서 칠판에 그려주셨습니다. 그중 한 장은 냉각시킨 동판에서 분설粉雪이 팔랑팔랑 떨어지는 그림이었는데, 그 초현실적인 광경에 등줄기가 오싹하던 일이 지금도 정확히 기억납니다.

그 수업을 받은 지 5~6년 정도 지난 어느 날, 간다 고서점가에서 나카야 우키치로의 《속, 겨울의 꽃》이라는 책을 발견했습니다. 등표지에서 나카야 우키치로의 이름을 발견하자마자, 길에서 우연히 존경하는 친척 아저씨를 만난 듯한 기분이 들어 망설임 없이 그 책을 샀습니다.

40년 전쯤에 산 그 책은 지금도 저의 애독서 중 하나입니다. 그 책에는 '생활의 실험'이라는 걸작 수필이 있는데, 건축가라는 직업상, 무엇보다도 제 마음을 빼앗았고, 그 내용에서 적잖이 영향을 받았습니다.

1938년 나카야는 삿포로에 자신의 집을 새로 지어야겠다고 생각합니다. 그러나 과학자의 눈으로 보니 당시 삿포로의 일반적인 주택을 만드는 방식이란 게 한랭지라는 조건을 고려하면 지나칠 정도로 결함투성이였습니다. 모든 사물을 과학적으로 생각하는 버릇, 즉 '과학 하는 마음'이 뼛속까지 물든 나카야에게는 비과학적 발상인 데다 막대한 연료를 낭비하면서도 추위에 위협받으며 살아가는 종래의 홋카이도 주택 사정을 보고 도무지 참을 수 없었던 것이죠. 그래서 '한랭지의 규범이 될 모델 주택을 만들자!'고 결심했습니다. 그러고는 햇볕을 끌어들이는 방법과 단열 성능, 합리적인 구조에 대해 독자적이며 창의적인 궁리를 짜내 주택을 완성했습니다. 이렇듯 '생활의 실험'은 건축에 대한 과학적 고찰의 경위를 수필 풍으로 풀어낸 글이지요.

건축 개요

명칭 : 쓰쿠바의 집 Ⅰ

소재지 : 이바라키 현 쓰쿠바 시

가족 구성 : 부부+자녀 세 명

부지 면적 : 284.00㎡

건축 면적 : 76.00㎡

총 바닥 면적 : 166.00㎡

규모 : 2층+펜트 하우스

구조 : 철근 콘크리트

설계 : 고다마 유이치로

식물이 무성하게 자랐을 때는 전면 도로에서는 건물이 조금밖에 보이지 않는다.

정원으로 들어서면 건물의 남쪽 입면이 보인다.
건물 정중앙에 일광을 조절하기 위해 심은 당나팔백합이 무성하게 자라 지붕까지 닿아 있다.

쓰쿠바의 집 I

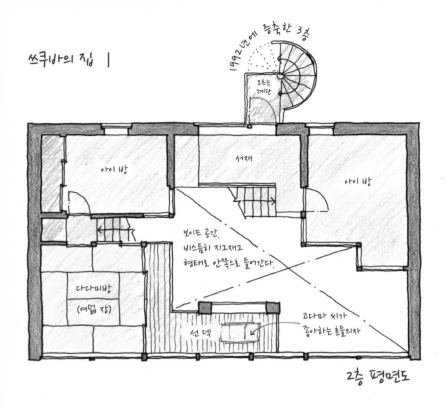

1992년에 증축한 3층

오르는 계단

아이 방

서재

아이 방

보이드 공간.
비스듬히 지그재그
형태로 안쪽으로 들어간다.

다다미방
(여덟 장)

선 덱

고다마 씨가
좋아하는 흔들의자

2층 평면도

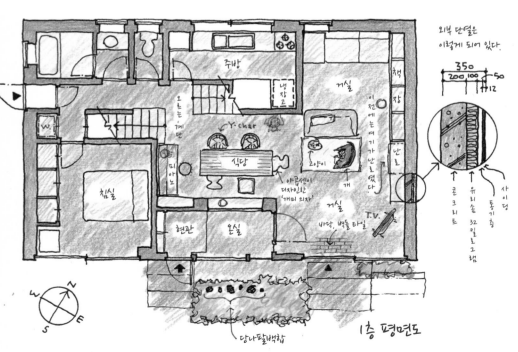

외부 단열은
이렇게 되어 있다.

350
200 100 50
112

콘크리트
유리솜
32킬로그램
통기층
사이딩

주방

냉장고

거실

책
장

난
로

오르는 계단

Y·char

피아노

식당

고양이

개

이 전에는 여기가 났었다.

아구렌이
디자인한
'개미 의자'

침실

현관

온실

거실

바닥, 벽돌 타일

T.V.

당나팔백합

1층 평면도

W
N
E
S

150

서두에서 나카야 우키치로 씨에 대한 이야기가 길어진 데에는 이유가 있습니다. 이번에 고다마 유이치로 씨의 자택 '쓰쿠바의 집 I'을 방문하기 전에 이 주택이 실린 잡지를 훑어보았습니다. 사진과 도면에서 평면과 공간 구성을 해독하고, 고다마 씨가 이 주택에 담아내려 한 '기계의 힘에 의지하지 않는 냉난방 연구'에 대한 해설을 읽던 중 문득 '생활의 실험'이 뇌리를 스쳤습니다. 해설의 행간에서 '생활의 실험' 속 문장이 떠오르는 것 같았다고 표현하는 편이 그 느낌을 제대로 전달할 수 있을 겁니다.

　　예를 들어 나카야 씨는 삿포로에서는 얼어서 달라붙어버린다는 이유로 달지 않던 빈지문(비바람을 막기 위해 설치하는 덧문-옮긴이)을 좀 더 연구해 유리문 안쪽에 설치했습니다. '이렇게 하니 얼어붙는다는 큰 문제가 해결되는 건 물론, 절대적인 단열 효과가 있어 낮 동안 들어오는 태양열의 은혜를 보존해준다'라고 설명하며, 그에 대해 다음과 같이 쓰고 있습니다.

　　"낮에 약간 볕이 들어오면 복사에너지 때문에 마치 온실처럼 실내 온도가 5~6도나 오른다. 홋카이도는 오후 4시경이면 벌써 어두워지기 때문에 재빨리 빈지문을 닫아 그 태양열을 보존하면 석탄 소비를 크게 줄일 수 있다는 것을 알게 되었다."

　　'단열을 실시한 실내에 태양열을 모아두었다가 밤의 추위를 막는다'는 것에 착안해, 세밀한 관측 데이터를 바탕으로 시뮬레이션을 거듭한 후, 그것을 적극적으로 설계에 도입한 실험 주택이 고다마 씨의 자택 쓰쿠바의 집 I입니다. 나카야 우키치로 씨가 삿포로에 실험 주택을 세운 지 45년 만에 '과학 하는 마음'을 겸비한 건축가가 나타난 것이지요. 그리고 그는 나카야의 의지를 이어받아, 보다 더 건축적이며 엄밀한 실험을 해나간 것입니다.

쓰쿠바의 집 I은 1984년 1월에 완성되었습니다. 기계의 힘에 의존하지 않고 축열이나 통풍 등 자연의 힘으로 공기를 조절하는 주택을 '패시브 솔라 하우스'라 하는데, 고다마 씨의 자택은 그런 생각을 재빠르고 적극적으로 도입한 실험주택이었습니다. 그러나 에너지 문제와 환경문제를 정면에서 바라본 선구적인 주택이었음에도, 쓰쿠바의 집 I에 대한 반응은 '없었다'고 합니다. 일본 전체가 버블 경기로 들뜬 시기였던 데다가 에너지 문제를 진지하게 받아들일 토양이 마련되어 있지 않았던 것이었지요.

쓰쿠바의 집 I을 방문한 건 장마 중 잠깐 갠 약간 흐린 날이었습니다. 예상했던 대로 건물은 산울타리와 정원수에 덮여 도로에서는 거의 보이지 않았습니다. 나무로 둘러싸여 있는 외관을 한동안 바라보다가 오키나와의 힌푼(대문 안에 설치된 일자 벽으로 오키나와 지방에서 흔히 볼 수 있다. 밖에서 집 안이 바로 들여다보이지 않는 실용적인 목적과 귀신을 막는다는 주술적인 목적을 겸하고 있다.-옮긴이)을 연상시키는 산울타리 틈(문?)을 통해 정원에 들어서니 검은 털이 가지런한 대형견이 기세 좋게 달려 나와 꼬리를 흔들며 반겨주었습니다.

이 부지는 남측이 도로에 접해 있기 때문에 '남쪽으로 출입하는' 주택입니다. 그러면 현관이 양지바른 곳의 일부분을 차지하기 때문에 동쪽이나 서쪽 측면에 진입로를 만들어 그곳을 통해 출입하는 것이 일반적입니다. 하지만 쓰쿠바의 집 I에서는 남면 정중앙에 현관과 온실을 세트로 만들어뒀더군요. 이런 부분의 '대담한 결단력'과 '좌우 균형의 선호'가 고다마 씨다움을 만들어내고 있다고 보입니다. 그런 생각을 하며, 마중 나온 검은 개와 함께 온실 옆 테라스 문을 통해 실내로 들어갔습니다.

위 : 동굴 같은 아늑함이 깃든 거실 구석에서 정원 쪽을 바라본 모습.
크게 막힌 동시에 개방되어 있다는 것이 이 주택의 특징이다.
아래 : 각자의 장소에 기분 좋게 자리 잡고 있는 반려동물을 보는 것만으로도,
나도 몰래 입꼬리가 올라가면서 마음이 편해진다. 이 사진 한 장을 통해서도 이 주택의 편안함을 엿볼 수 있다.

실내에 들어서자마자 여유로운 공간이 넉넉히 안아주는 걸 느낄 수 있었습니다. 바닥, 벽, 천장, 그 모든 것이 사반세기라는 시간에 물들어 있었지요. 세월로 마감을 했다고 말해도 될 만큼의 촉감과 관록을 풍기는 실내였습니다. 축열 효과 면에서 선택한 바닥 벽돌 타일과 노출 콘크리트 벽, 천장이 다소 딱딱한 인상을 주지만, 나무 기둥과 합판을 이용한 벽의 표현이나 장지를 투과해 들어온 부드러운 자연광이 그 인상을 적절하게 중화하고 있었습니다.

세이케 기요시清家清 씨의 자택 '속, 나의 집'과 미야와키 마유미宮脇檀 씨의 건축 '마쓰가와 박스' 같은 분위기가 실내에서 느껴져, 이 주택이 패시브 디자인뿐만 아니라 순수한 디자인 면에서도 심사숙고했다는 인상을 강하게 받을 수 있었습니다.

이 주택의 특징은 보이드 공간이 직사각형 공간 속에서 계속 안쪽을 향해 지그재그 형태로 진입한다는 것입니다. 이 때문에 공간에 다이내믹한 움직임이 발생하며, 사람의 마음도 안쪽 공간을 향해 지그재그 모양을 그리며 빨려 들어갑니다. 그렇게 도착한 안쪽 구석에는 반대 방향으로 오르는 두 개의 계단이 기다리고 있습니다. "어디로 오를래?" 하고 무언의 질문을 던지는 계단 중 어떤 계단을 선택해 올라가더라도, 건너편의 보이드 공간을 대면하는 형태로 식당을 내려다볼 수 있는 장소에 도착합니다. 이런 재미있는 구성이 이 주택을 유쾌하게 하지요.

거실 상부, 보이드 공간이 식당 방향으로 이어진다.
H형의 굵은 기둥과 들보가 현관과 온실 공간을 구분한다.

2층 선 덱에서 식당과 거실을 내려다본 모습.
전통 목조 건축에서 기둥을 드러내는 벽체 공법을 표현한 아이 방(빈 공간 쪽으로 비스듬히 줄을 지어 튀어나온 부분).
미야와키 마유미의 주택 '마쓰가와 박스'가 연상된다.

이 실험 주택의 거주성은 어떤지, 살기는 편한지, 기회가 되면 아내분께 정직한 감상을 들어보고 싶었지만 한 차례 견학을 마치고 식당 의자에 앉으니 맛있는 와인과 치즈가 테이블 위로 올라왔습니다(낮술이지요). 아내분은 시종일관 미소 띤 얼굴과 밝은 목소리로 응대해주셨습니다. 그 미소를 보고 있으니 '살기 불편할 리 없잖아'라는 생각이 들어 질문은 하지 않기로 했습니다. 그러고 보니 이 집 최대의 테마인 패시브 디자인에 대해서도 물어보지 못하고 말았네요. 패시브 디자인이라면 이 주택이 게재된 잡지에 대단히 알기 쉽게 설명되어 있기 때문에 같은 질문을 하고 같은 대답을 듣는 게 꺼려졌던 탓도 있습니다.

만약 다시 이 주택을 방문할 기회가 앞으로 두 번 더 생긴다면, 쨍쨍 내리쬐는 한여름과 맑게 갠 한겨울에 와보고 싶다는 생각을 했습니다. 만약 그 기회가 한 번뿐이라면 추운 겨울이었으면 좋겠습니다. 수필 '생활의 실험' 속에는 '양지바른 방의 기분 좋은 따뜻함. 구석구석 집을 데워주는 햇볕에 힘입은 바가 얼마나 큰지 잘 알게 되었다'라는, 깊은 맛이 나는 문장이 있습니다. 한겨울, 쓰쿠바의 집 I에서 그 사실을 절절히 체험해보고 싶은 거지요.

조타실은 다다미 네 장 반 정도의 넓이로,
천장이 낮아 '하늘에 뜬 다실' 같은 느낌이다.
소형 선박이 곁을 지나가기만 해도 횡파橫波를 받아 끼익, 끼익 하며 흔들린다.
'육지보다 계절과 기후의 변화를 더 가까이 느낄 수 있다는 것'이
페리보트 하우스 생활을 선택한 이유 중 하나라고 한다.

닐스 한센

닐스의 페리보트 하우스

2001년 덴마크 코펜하겐

해안에 계류 중인 페리보트 하우스. 펄럭이는 덴마크 국기가 내방객을 환영한다.
기존 선체에는 손을 대지 않고 건조된 당시 그대로의 외관을 남겨뒀다.
멀리서 보면, 새로 만든 납빛 벽은 시야에서 사라지고 오리지널 선체의 모습만 부각된다.

코펜하겐에 살고 있는 건축가 닐스 한센 씨의 페리보트 하우스를 찾아간 날은 월드컵에서 일본이 덴마크에 쾌승을 거둔 다음 날이었습니다. 약속한 정각 12시, 뉴하운 항구에 계류 중인 닐스 씨의 페리보트 하우스를 찾았습니다. 가볍게 첫인사를 나눈 후 닐스 씨는 "축하합니다! 어젯밤 멋진 경기였어요. 이야, 일본 강하더군요! 혼다의 프리킥에 감동했어요!"라며 여전히 흥분이 가라앉지 않은 모습이었습니다.

취재 의뢰 메일을 주고받으면서는 그를 신경질적인 사람이라 상상했는데, 실제로 만나보니 닐스 씨는 야구모자가 잘 어울리는 싹싹하고 온화한 인물이었습니다. 축구 이야기로 한동안 분위기가 고조되었는데, '앗, 이럴 때가 아니지' 하며 정신을 차린 닐스 씨는 "위로 올라가 인터뷰합시다. 화이트 와인도 적당히 시원해졌을 테니까…"라며 먼저 일어나 발걸음도 경쾌하게 사다리를 올라갔습니다.

'위'는 조타실(정확하게는 예전에 조타실이었던 곳)을 말하는데, 그 전에 이 보트 하우스에 대해 가볍게 설명해두고 넘어가겠습니다.

10년 전쯤, 닐스 씨는 폐선 직전의 낡은 페리를 구입해 주택과 스튜디오(건축 사무실)로 개조했습니다. 자동차를 운송하기 위한 페리보트이기 때문에 갑판이 넓은데, 아마도 닐스 씨는 이 넓은 갑판을 이용하면 기분 좋은 실내 공간을 만들 수 있을 거라 생각했을 겁니다. 아니, 어쩌면 페리를 이용할 때마다 '이 갑판에 조금만 손을 대면 훌륭한 주택으로 변신할 것'이라며 노리고 있었는지도 모르죠. 어느 쪽이 됐건 넓은 갑판이 설계 의지를 불러일으켰으리라는 것만은 분명합니다. 최종적으로 그 넓은 갑판에 리빙 룸, 다이닝 룸, 주방, 세면장, 화장실을 만들었고, 기관실이었던 창고는 스튜디오와 자료실, 창고, 침실로 사용하게 되었습니다.

뱃머리와 배의 뒷부분에서 본 페리보트 하우스.
페리보트의 넓은 갑판에 벽을 두 개 설치했다는 것을 잘 알 수 있다.
페리보트는 전후좌우 대칭형이기 때문에 어디가 뱃머리고 어디가 배의 뒷부분인지 알아보기 쉽지 않지만,
조타실에 있는 키의 위치로 추측해보면 아래 사진이 뱃머리 쪽이다.

일단 여기까지만 쓰고 닐스 씨가 기다리고 있는 '위'로 올라가봅시다. 앞서 썼듯 위에는 페리보트 시대에 사용하던 조타실이 그 모습 그대로 남아 있습니다. 이 조타실은 U자를 뒤집은 모양으로 가랑이를 벌리고 있는 철골조 아치 위에 설치되어 있습니다(도비라 일러스트 참조). 조타실은 그 역할상, 전망도 매우 좋지만 저로서는 다락방에 와 있는 듯한 편안함을 느낄 수 있는 공간이었지요.

개·보수 공사 때 이 조타실에는 거의 손을 대지 않았습니다. 일본식으로 말하자면 다다미 네 장 반 정도의 면적이지요. 조타실은 전망이 좋기 때문에 라운지풍 거실로 만든다든지 은둔처 같은 느낌의 서재로 꾸민다든지, 아니면 과감하게 욕실(전망 욕조?)로 한다든지, 이런저런 아이디어는 많았을 겁니다. 그러나 오히려 닐스 씨는 그렇게 하지 않고 '있는 그대로' 남겨둔 것이지요. 결과적으로 그 선택은 옳았습니다. 그리고 무엇보다 마음에 든 건, 임무를 마치고 폐선이 될 운명을 맞이했던 이 페리보트에 대한 경의가 그 선택에서 느껴진다는 점이었습니다.

조타실은 가로로 긴 창이 사면을 빙글 둘러싸고, 앞뒤의 창은 항로의 해수면을 내려다볼 수 있게 앞쪽으로 기울어져 있습니다. 선 자세로 조타수가 키를 잡아야 하기 때문에 창 높이가 꽤 높은데, 그 창틀 높이에 맞춰 접을 수 있는 카운터 테이블이 설치되어 있었습니다. 그 카운터에 와인 병과 잔이 놓여 있으니 꽤 괜찮은 바 분위기가 나더군요. 처음 건배를 한 후 닐스 씨는 묻지도 않은 이 배의 개·보수에 얽힌 이야기를 하기 시작했습니다.

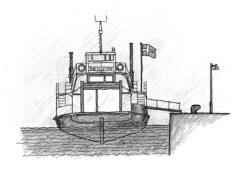

건축 개요

명칭 : 닐스의 페리보트 하우스
소재지 : 덴마크 코펜하겐
총 바닥 면적 : 약 300㎡
이력 : 1954년, 페리 'Fritz Juel'.
덴마크 스벤보에서 뷔네브 간을 오가는 페리보트로 건조되었다.
소유자가 바뀌어 1995년까지 페리보트로 사용되었다.
2001~2009년, 닐스 씨가 이 배를 구입했고
페리보트 하우스로 설계, 시공했다.

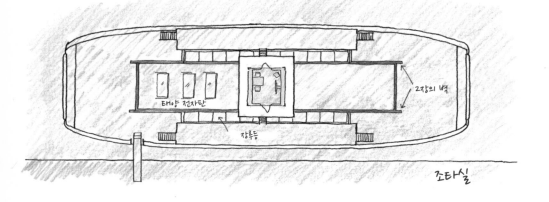

태양 전자판
조타실
2장의 벽
장루등

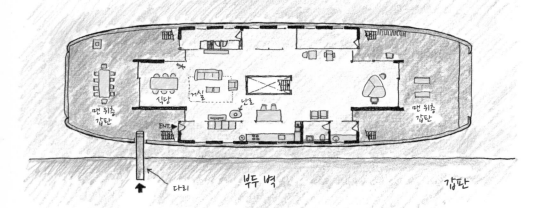

맨 위층
갑판
식당
거실
난로
맨 위층
갑판
ENT.
다리
부두 벽
갑판

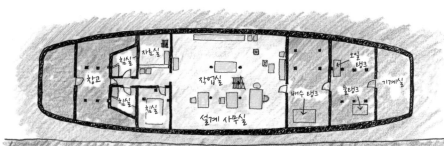

창고
침실
침실
침실
작업실
설계 사무실
배수 탱크
물탱크
오일 탱크
기계실
선창

1954년에 건조된 이 페리보트는 사람 나이로 치면 56세로 닐스 씨와 동갑이라고 합니다. 이 배가 페리보트로 일하던 '직장'은 코펜하겐에서 500킬로미터 떨어진 곳인데, 2001년에 페리보트로서 역할을 끝낸 후 아득히 먼 코펜하겐까지 스물 몇 시간에 걸쳐 항해했습니다. 그것이 이 배가 현역에서 한 마지막 항해였지요.

개·보수 공사에서 제일 먼저 해야 했던 일은 갑판 중앙 부분에 구멍을 뚫어 선창에 있는 기계류를 해체해 꺼내 옮기는 일이었습니다. 오래전에 건조된 탓인지, 엔진과 그 외 기계류의 덩치가 무척 컸던 데다가 거칠게 만들어 해체하는 건 물론, 반출해서 처분하는 데도 꽤 애를 먹었다고 합니다.

설계 초기부터 닐스 씨는 넓은 갑판을 가능한 한 살려 쓰는 방법을 모색했습니다. 그러는 한편, 페리보트 기존 부분은 원칙적으로 건드리지 않는다는 방침을 정했습니다. 그 결과 갑판의 아치형 철골 밑에 두 장의 벽을 '꽂아둔 것처럼 보이는' 특징적인 디자인이 탄생했습니다. '꽂아둔 것처럼 보이는'이라고 쓴 까닭은 외관은 그렇게 보여도 실제로는 그 두 장의 벽이 실내를 통과하지 않기 때문입니다. 자동차를 옆으로 세 대씩 줄지을 수 있는 폭 6미터의 갑판 넓이를 그대로 실내 공간으로 활용하기 위해서는 벽이 없는 편이 더 좋은 것이지요. 그의 말에 따르면, 납빛 갈바륨 강판으로 마감한 두 장의 벽은 사실 안도 다다오安藤忠雄가 아와지시마淡路島에 세운 미즈미도水御堂(아와지 시 소재의 혼푸쿠지本福寺 본당-옮긴이)의 벽에서 힌트를 얻었다고 합니다. 세계적인 안도 다다오! 그 영향력이 무서울 정도로군요.

선창을 개조해 만든 닐스 씨의 스튜디오(건축 사무실).
방 한가운데에 있는 구멍에서 자연광이 비쳐 들어온다. 천장은 낮지만 면적이 넓어 여유로운 느낌의 공간이다.
공기 중에 떠다니는 희미한 기계 기름 냄새가 예전 이곳이 기계실이었다는 사실을 떠올리게 해준다.

여기까지 대화가 흘러갔을 때, 이야기 방향을 바꿨습니다. 다소 현실적인 질문을 해봤지요.

"이 페리보트를 사서 대규모의 개·보수 공사를 하는 것과 코펜하겐 외곽에 땅을 사서 비슷한 바닥 면적으로 집을 짓는다고 할 때, 금액을 비교하면 어떻습니까?"

그러자 페리 씨는 '호오, 그 점을 지적하다니' 하는 얼굴로 싱긋 웃더니 "간단히 비교하기는 어렵지만 얼추 금액은 비슷할 겁니다. 하지만 개·보수 공사 대부분을 제 손으로 했기 때문에 그만큼의 비용이 더 든 셈이죠"라고 대답했습니다.

한술 더 떠 또 다른 질문을 던졌습니다.

"그럼 페리보트 하우스와 일반 주택의 유지 비용에는 어떤 차이가 있나요?"

"수도세와 전기세는 변함없지만 오·배수를 전부 탱크에 모았다가 처리하기 때문에 그만큼의 유지 비용이 더 들죠."

이런저런 이야기를 나누며 와인을 마시다 보니 점점 기분이 좋아졌습니다. 조타실이 높은 곳에 있기 때문에 배의 흔들림도 더 증폭되었고, 그에 따라 알딸딸한 기분도 증폭되어갔지요. 덕분에 보트를 해안에 계류시키는 비용에 대해서는 깜박하고 물어보지 못했네요.

앞에서 썼듯, 원래 자동차를 선적했던 공간을 활용한 페리보트 하우스의 '갑판층'은 거실과 식당으로 쓰고 있습니다. 20미터 정도 되는 실내 중앙에 '선창'으로 내려가는 계단이 있고 식탁 공간과 거실 공간, 작업 테이블 공간이 있는데, 주방을 빼고도 갑판층의 면적이 110제곱미터 정도 되기 때문에, 상당히 개방적입니다. 개방적인 느낌이 드는 큰 공간을 만들기 위해 거꾸로 된 U자형 아치에 H빔 들보를 매달아놓는 등, 여기저기 건축적인 기술이 숨어 있어 눈여겨볼 만한 곳도 상당합니다.

이야기 방향이 바뀌지만, 갑판층의 가구와 설비도 꽤 볼만합니다. 식탁 의자는 아르네 야콥센, 거실 소파는 르 코르뷔지에, 벽 쪽에는 미스 반데어로에의 흔들의자, 작업 테이블 의자는 찰스 임스, 게다가 헤르트 리트벨트의 레드&블루 체어도 놓여 있었습니다. 마치 명작 가구의 쇼룸을 보는 것 같았지요.

갑판층에서 사다리 계단을 타고 내려가면 닐스 씨의 작업실입니다. 원래 선창이었던 곳이기 때문에 창문이 없고, 계단 구멍으로 들어오는 자연광이 전부라 어딘가 지하실 같은 느낌도 듭니다. 바다 위에 떠 있는 배 안에 '지하'가 있다고 하니 이상하게 들릴지 모르지만, 손을 뻗으면 닿을 정도로 천장이 낮기 때문에 실제적인 감각으로도 지하실처럼 느껴집니다. 제도판과 컴퓨터, 카탈로그 선반, 샘플 선반, 제작 중인 모형이 늘어서 있기 때문에 어디서나 볼 수 있는 설계 사무실 같은 풍경입니다. 실내에 남아 있는 페리보트 시대의 기계 기름 냄새만이 예전 이곳이 기계실이었다는 것을 말해주고 있었지요.

한 차례 견학과 질의 응답을 끝내고 보니 오픈 덱에 점심이 준비되어 있었습니다. 닐스 씨의 직원 여러 명이 바지런하게 바비큐를 준비해주셨던 거지요. 해풍을 맞으며 배 위에서 먹는 점심 식사는 각별했습니다. 그야말로 행복한 순간! 일본 선수들의 멋진 플레이를 칭찬하며, 어느새 화제는 축구로 되돌아갔지요.

위 : 원래 선실이었던 곳에 만든 청결하고 개방적인 주방.
원래는 덱과 선실이 철판 한 장 두께의 벽으로 나눠져 있었지만 그 벽을 없애고 리빙 다이닝 쪽으로 공간을 연결했다.
왼쪽 위 : 실내 중앙부에 구멍을 뚫어 작업실로 내려가는 계단을 설치했다.
원래 이 구멍은 기계실에서 엔진과 여러 기계류를 해체, 반출하기 위해 뚫은 구멍이었다.
보기에 따라서는 철골 계단이 선박적인 느낌의 디자인처럼 보이는데, 이 점이 얄밉도록 훌륭하다.
왼쪽 아래 : 식당 쪽에서 거실을 통해 멀리 서재 코너 쪽을 바라본 모습.
좌우에 있는 작은 방은 페리보트 시대의 선실. 신설한 지붕은 조타실을 받치는 기존 철골 아치에 매달아 만들었다.
2열의 커다란 톱라이트(천장)로 지붕 가장자리가 잘려나간 부분에 주목하시길.

황혼 무렵 마시는 와인의 각별함.
기노시타 씨 무릎 위에 있는 강아지는 하야 짱(파피용),
앞쪽에 있는 강아지는 후쿠 짱(래브라도 리트리버).

기노시타 미치로木下道郎

도그 하우스

2005년 도쿄 도 미타카 시

도로 쪽에서 본 외관. 삼각자를 세워놓은 것 같은 입면이 특징적이다.

"집이 완성되었는데, 괜찮으면 보러 오세요."

몇 년 전, 같은 대학에서 건축을 가르치는 기노시타 미치로 씨에게서 이런 초대를 받은 적이 있습니다.

보통 때라면 "갑니다. 갈게요"라고 즉시 대답했을 겁니다. 그러나 웬일인지 그때는 흔쾌히 대답하지 못했고, 모처럼의 초대였는데도 견학할 기회를 놓치고 말았습니다. 솔직히 말해, 곧바로 대답하지 못한 이유는 신축한 지 얼마 되지 않은 집을 방문하는 걸 주저하는 마음이 있었기 때문입니다.

부정적인 이유는 그렇고, 긍정적으로 말하자면, '기노시타 씨 가족이 새로운 집에서 충분히 생활한 후, 여기저기 생활의 냄새가 배어들었을 때 견학해보고 싶다'는 마음이 있었기 때문입니다. 약간 과장하면, 그 마음에 제 '주택관'이 정직하게 드러난다고 할 수 있습니다. 즉 주택이란 그 속에서 영위하는 생활을 위한 '용기容器'여야만 한다는 믿음(이를 '사상'이라 불러도 좋을 겁니다)이 바로 제 주택관입니다. 다른 그 무엇보다도 말이지요. 그 용기가 그곳의 일상생활에 적합한가 여부, 거기서 생활하는 가족이 애쓰지 않고, 위축되지 않고, 참지도 않고, 자연 그대로의 모습으로 자유롭게 생활하고 있는지 여부 같은 것들이 항상 저는 신경이 쓰입니다. 그리고 이러한 모습을 보기 위해서는 그 집에서 생활한 지 적어도 2~3년은 지난 후여야만 한다고 생각합니다.

건축 개요

명칭 : 도그 하우스

소재지 : 도쿄 도 미타카 시

가족 구성 : 부부+자녀 두 명

부지 면적 : 195.26㎡

건축 면적 : 94.66㎡

총 바닥 면적 : 94.66㎡

규모 : 1층

구조 : 목조

설계 : 기노시타 미치로+워크숍

왼쪽 : 널빤지 벽으로 만든 구멍 오른쪽 구석에 현관이 있다.
오른쪽 : 크기가 작은 화장실. 오른쪽 위의 작은 창을 통해 하늘이 살짝 보인다.

'도그 하우스'는 미타카 시의 한적하고 조용한 주택가에 자리 잡고 있습니다. 주변에 커다란 나무가 빽빽이 들어선, 예전 무사시노의 모습이 남은 훌륭한 주거 환경이지요. 근처 역에서 내려 차가 거의 다니지 않는 쭉 뻗은 외길을 따라, 좌우에 늘어선 제각각 특색 있는 집들을 품평하며 몇 분 걷다 보면 도그 하우스에 도착합니다.

도그 하우스는 널빤지 벽 위에 대소 크기가 다른 삼각자를 마주 보게 세워놓은 것 같은 외관을 하고 있습니다. 널빤지 벽의 거의 정중앙 부분이 네모나게 도려내져 있는데, 그 너머로 또 하나의 다른 널빤지 벽이 보입니다. 보기에 따라서는 건축가가 설계한 집 같은 외관이지만 '으스댄다는 느낌'은 전혀 들지 않습니다. 단층집이기 때문에 스케일이 그리 크지 않다는 점, 건물이 자신의 존재감을 내세우려 하지 않는다는 점, 그리고 외관이 약간 '멍한 얼굴'을 하고 있기 때문인지도 모르겠네요. 어떻게 보면 좌우 삼각 지붕이 개의 귀처럼 보이기도 하는데, 이런 지붕 형태는 중정의 일조량을 확보하고 중정 쪽에서 봤을 때 남측과 북측에 있는 이웃집이 시야에 들어오지 않도록 하기 위해 탄생한 형태입니다. 조금 전에 널빤지 벽의 네모난 구멍으로 맞은편의 널빤지 벽이 보인다고 썼지요? 그 두 벽 사이의 공간이 도로와의 완충 공간이 되어주며, 그 공간 안에 현관문이 그림자에 숨어 있는 느낌으로 조신하게 자리 잡고 있습니다.

현관문을 열자마자, 이 집의 주인공 중 하나인 소형견이 활기차게 짖으며 반겨줍니다. 견종과 그 이름에 대해서는 문외한이라 잘 모르지만, 파피용이라는 견종이라고 하네요(좌우 뾰족한 큰 귀가 이 건물의 외관과 많이 닮았습니다). 그리고 그 뒤로 이 집의 또 다른 주인공인 래브라도 리트리버가 느릿느릿 나타납니다. "어이, 잘 왔어" 하는 표정으로 제 얼굴을 쳐다보더니 부드럽게 제 다리에 몸을 비비며 환영해주더군요. 사람으로 치자면 반갑게 맞아들인 사람을 껴안아주는 행동이겠지요. 그리고 그 뒤에 웃으며 서 있는 기노시타 미치로 씨. 이쪽은 얼굴 아래 절반을 U자 모양으로 감싼 '털'을 소유하고 있다는 특징이 있습니다. 깜빡했는데, 이 집에는 고양이도 동거 중입니다. 낯가림이 심한 성격인 듯 결국 끝까지 모습을 보여주지 않았지만 말입니다.

다락에서 내려다보이는 거실과 식당.
'여유로운 밀폐감'이라는 말이 이해된다.

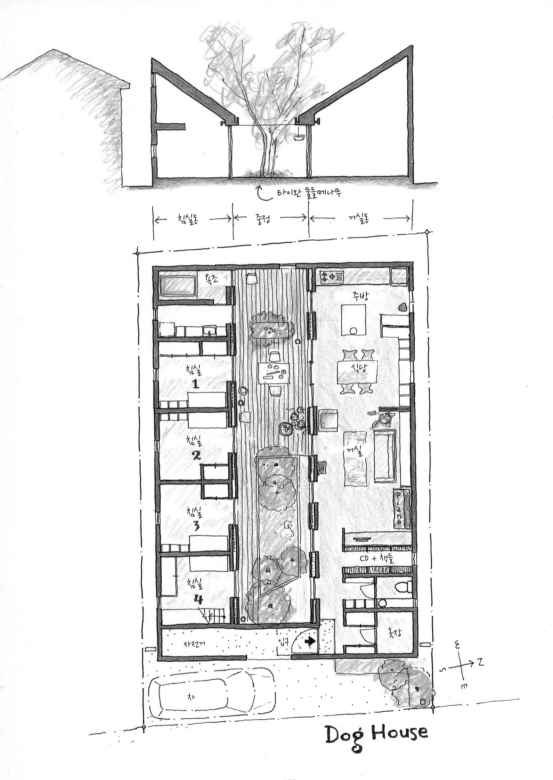

타이완 물들메나무

침실동 | 중정 | 거실동

욕조
주방
침실 1
식당
침실 2
거실
침실 3
CD + 책들
침실 4
옷장
자전거
입구
차

Dog House

이쯤 해서 평면 구성을 간단히 설명하고 넘어가겠습니다.

평면도를 보면 아시겠지만, 도그 하우스는 동서로 긴 중정을 끼고 거실동과 침실동이 나누어져 있습니다. '내 천(川) 자' 모양으로 평면이 병렬되어 있지요. 외관에서 설명했던 좌우 삼각형 부분은 침실동과 거실동으로, 그 사이의 수평 널빤지 벽 부분이 중정에 해당됩니다.

현관에 들어서면 바로 거실동입니다. 천장이 높은 공간으로, 거실, 식당, 주방 등 가족이 모이는 공간입니다. 외관에서 볼 수 있었던 삼각 지붕 형태가 그대로 천장 모양으로 드러나는데, 급경사의 천장이 다이내믹한 공간을 만들어내고 있습니다. 북측의 커다란 벽면에는 참피나무 합판을 붙여 따뜻한 분위기를 자아내고, 중정 쪽으로 난 개구부는 2미터 정도로 그리 크지 않기 때문에 실내는 느긋한 밀폐감을 풍깁니다. 거실과 식당을 둘러보면, 요소요소마다 놓인 모던 디자인 가구와 함께 요간 렐(Jurgen Lehl 자연주의 의류, 리빙 브랜드-옮긴이)의 에스닉풍 스툴이 여기저기 배치되어 있어 꽤 안락한 분위기를 풍깁니다.

이쯤해서 현관에서 거실로 들어가기 전 좌우로 살짝 보이는 복도식 공간에 대해 써둬야겠습니다. 통로에서 오른쪽으로 이어지는, 한 간(間) 반(한 간은 약 1.82미터-옮긴이) 길이의 좁고 긴 복도식 공간으로, 왼쪽에는 CD 선반이 오른쪽에는 책 선반이 설치되어 있습니다. 선반마다 책과 CD가 가득 꽂혀 있었지요. 그런데 정말이지 꼼꼼하게 정리되어 있었습니다. 선반에 가지런히 꽂혀 있는 CD를 바라보다 보니 예전에 기노시타 씨에게 들은 이야기가 떠오르더군요. 어릴 때부터 그는 사물을 정리 정돈해두어야만 성에 차는 성격이었다고 합니다. 예를 들어, 30색인가 50색인가 하는 자신의 색연필 세트를 다른 사람이 쓴 후, 원래 순서와 상관없이 엉망진창 꽂혀서 돌아오면 그게 너무 싫은 나머지 '울면서' 색상표 순서대로 하나하나 다시 정리했다고 하니 말입니다. 언젠가 제가 영화감독이 되어 〈건축가, 기노시타 미치로 이야기〉를 찍을 기회가 있다면, 소년 기노시타를 소개하는 에피소드로 꼭 집어넣고 싶은 이야기입니다. 완벽히 정리된 CD 선반을 보니 '이 질서 정연한 선반에서 CD 대여섯 장을 빼내, 아무 데나 끼워버리면 어떻게 될까?'라는 장난기가 끓어올랐습니다. 물론 그런 일은 하지 않았지만요.

거실동과 침실동 사이의 중정.
삼각 지붕 덕분에 충분한 일조량을 확보했다는 걸 알 수 있다.

드디어 이 집 최대의 볼거리인 중정입니다. 앞서 썼듯, 중정은 거실동과 침실동 사이에 있는 직사각형 공간으로, 폭 3미터에 길이가 13미터 60센티미터 정도 되는 크기입니다. 바닥에 목재 발판이 깔려 있고 실내 바닥과 동일하게 마감했기 때문에 공간의 연결 방식이 마치 '툇마루' 같은 느낌입니다. 단어상으로 '중정'이라 표기하기는 했지만, 기노시타 씨 일가는 이 장소를 '외부에 있는 거실'로 충분히 활용하고 있는 듯합니다. 또 평면도를 보면, 이 중정이 동선적인 면에서 복도 역할을 한다는 것을 알 수 있습니다. 예를 들어 각각의 침실에서 화장실이나 욕실에 갈 때 반드시 이 중정을 통과하게 됩니다(안도 다다오의 '스미요시 연립주택'과 마찬가지로, 비가 오는 날엔 우산을 쓰고 가야 됩니다만).

중정에는 식재 공간도 충분히 확보되어 있습니다. 마당에 준베리, 타이완물들메나무, 레몬 같은 나무가 심어져 있는 것 외에도, 화분이 여기저기 놓여 있고 처마 끝에 매달려 있기도 합니다. 그 때문에 초록이 풍부한 기분 좋은 외부 공간을 연출합니다.

기쁘게도 제가 도착하기 전부터 중정에는 와인과 간단한 안주가 준비되어 있었습니다. 와인을 마시며 잡담을 꽃피우자고 하는 기노시타 씨의 배려인 것이죠. 바깥에서 석양을 기다리며 홀짝홀짝 마시는 일은 '주객'에게 행복한 시간입니다. '황혼'이라는 말과 '아페리티프(식전에 마시는 술-옮긴이)'라는 말이 서로 어울리지 않게 느껴지는 때는 이런 술상이 준비된 때입니다.

"시작은 화이트 와인으로 야무지게 가봅시다! 오늘은 이러저러해서 이런저런 와인을 준비했습니다."

와인에도 일가견 있는 기노시타 씨의 '오늘의 와인에 대한 방침 설명(?)'을 신호로, 그날의 취재는 '견학 취재'에서 '중정 공간에서 이루어지는 음주 체험 취재'로 흘러가고 말았습니다.

식당에서 중정 방향을 바라본 풍경.
거실동의 개구부도 전부 미닫이이기 때문에 문을 열면 창호가 전부 벽 속으로 사라진다.

도그 하우스에는 거실동에 여섯 개, 침실동에 여섯 개, 총 12개의 출입구가 있습니다. 모든 출입구가 중정을 향하고 있지요. 와인 잔을 비워가며 막 두 병째 와인 병을 따려던 찰나, 고지식하게 늘어서 있는 침실동의 방 하나에서 불쑥 고등학생인 따님이 나왔습니다. 침실동에 사람이 들어가는 기척을 전혀 느끼지 못했기 때문에 너무 뜻밖이었습니다.

　　"이런, 이런, 지금까지 안에 있었구나!"

　　인사도 잊고 이 말이 먼저 튀어나왔으니까요. 그런데 다시 30분 정도 지나자 바스락대는 소리가 나더니 이번에는 다른 문에서 대학생 아드님이 중정으로 나오는 게 아니겠습니까? 마치 '등장!' 하는 느낌이었습니다. 아드님도 계속 방에 있었던 거지요. 그 둘의 등장은 마치 텅 비었다고 생각하던 상자에서 작은 동물이 모습을 드러내는 것 같았습니다.

　　그때 알게 되었습니다. 도그 하우스라는 이름이 단순히 개와 함께 사는 집이라는 뜻뿐만 아니라 일종의 '동물의 보금자리'를 뜻한다는 사실을요. 가족이 제각각 자신의 방에 돌아갈 때 보여주는 뒷모습은 동물이 보금자리로 되돌아갈 때의 느낌과 분명히 닮았을 겁니다. 도그 하우스는 '주거(住まい)'라는 단어를 '주거(巢まい)'라고 바꿔 써도 아무 거리감이 없는 집입니다(주거를 뜻하는 단어 '스마이住まい'의 '住'와 동물의 보금자리를 뜻하는 '巢' 모두 '스'로 읽는다-옮긴이). 도그 하우스에서 동물들을 포함한 기노시타 씨 가족 모두가 애쓰지 않고 위축되지도 않고 참지도 않고 자연 그대로의 모습으로 편하게 생활하고 있다는 점에 대해서는 새삼 다시 말할 필요도 없겠지요. 이런 주거(巢まい)이니 말입니다.

거실의 동쪽에 높은 천장을 이용한 다락이 보인다.

폭이 약 90센티미터인 통로 양쪽에 설치된 CD 선반과 책 선반. 정리 정돈되어 있는 모습에 주목!

'가제보'란 전망대라는 뜻이다.
취재차 동행한 사진작가가 이 전망대에 선 야마모토 씨와 나의 투 샷을 가까운 도로 다리 위에서 찍어주었다.
어릴 때부터 계속 이 동네에서 살아온 야마모토 씨는 이 주변이 바뀌는 모습을 전부 봐왔다고 한다.

가제보GAZEBO

1986년 가나가와 현 요코하마 시

제가 설계한 주택이 처음으로 실린 건축 잡지를 서점 가판대에서 집어 들었던 때의 일을 지금도 똑똑히 기억하고 있습니다. 잡지를 펼치고 익숙한 내 건축 사진이 눈에 들어왔을 때, "아아, 가까스로 여기까지 올 수 있었구나" 싶었던 마음. 아니, 어쩌면 그보다는 감개무량한 마음이 물밀듯이 밀어닥쳤다고 할 수 있겠네요. 지금부터 24년 전, 1986년 9월의 일입니다.

건축 잡지에 실린 것 가지고 허풍 떤다고 할지도 모르겠지만, 세상에 묻혔던 무명 건축가에게는 자신의 건축을 발표하기까지 '말할라 치면 눈물이 먼저 나는' 우여곡절이 있었습니다. 그 이야기는 일단 내려놓고, 같은 잡지에 게재된 작품을 하나하나 바라보다가 또 다른 감정에 젖었습니다. "아아, 나는 일본 건축 조류에서 멀리 떨어진 곳에 있구나" 하는 감정이었지요. 제가 데뷔한 그달의 잡지에는 '주택 디자인 뉴 웨이브'라는 타이틀이 붙었는데, 이토 도요오伊東豊男 씨, 하세가와 이쓰코長谷川逸子 씨, 이시다 도시아키石田敏明 씨, 기타가와라 아쓰시北川原温 씨 외에도 신진기예新進氣銳, 재기 발랄한 건축가들을 소개했습니다. 콘크리트, 철골, 유리, 펀칭 메탈, 금속망 등의 자재를 자유분방하게 구사한 급진적이며 실험적인 주택 작품이 서로 경쟁하듯 실려 있었지요. 제가 설계한 옛날 목조 교사校舍 같은 주택은 왠지 그 자리에 어울리지 않는 느낌으로 그것들과 섞여 있었습니다.

서론이 길어졌네요. 사실 이 '주택 디자인 뉴 웨이브'의 첫머리를 장식하던 주택이 이번에 살펴볼 '가제보'입니다. 야마모토 리켄 씨의 자택이지요.

도로를 향해 등줄기를 곧게 펴고 우뚝 서 있는 듯한 모습의 외관.
스테인리스 메시는 정면에서 약간 각도가 틀어지면 반투명 스크린처럼 보인다.

외벽을 덮고 있는 은색의 스테인리스 망, 그 망 너머 우뚝 서 있는 발포 콘크리트 덩어리, 금속관으로 구획된 투명한 유리의 반짝임, 그중에서도 H빔 기둥으로 천공을 높이 받친 가벼운 느낌의 둥근 지붕 구조물 사진에 저절로 눈이 휘둥그레졌습니다. H빔 바닥을 지탱하는 브래킷 같은 데에서 공들인 디테일을 발견할 수 있는데, 설계자의 뛰어난 센스와 디자인 능력을 엿볼 수 있는 부분이었습니다. 가제보는 상점과 임대주택, 건축가 본인의 주거 공간으로 이루어진 주상 복합 건물이지만, 용도가 전혀 상상되지 않는 (혹은 그런 느낌이 들지 않게 한) 건물입니다. 건물이라기보다 금속과 콘크리트, 유리를 '아상블라주assemblage(폐품이나 일상용품 등 여러 기성 제품을 한데 모아 제작한 미술 작품. 혹은 그 기법-옮긴이)'한 거대한 조각 작품으로 보였으니까요. 잡지의 해설에서는 이 건물의 주택 부분이 야마모토 씨의 자택이라는 것, 또 그곳에 어떤 가족이 살고 있는가 하는 것들을 의도적으로 언급하지 않은 듯 보였습니다. 그러니 그런 것들은 사진과 도면으로 상상할 수밖에 없었습니다. 그러나 도면을 보면 볼수록 이 주택의 수수께끼는 깊어만 갈 뿐이었습니다.

그 수수께끼가 조금씩 풀린 건 《주거론》(야마모토 리켄 저, 주거도서관 출판국, 1993년)이라는 야마모토 씨의 저서를 읽으면서 부터였습니다. 이 책에서 야마모토 씨는 가족과 주거의 관계에 대해 지금까지 별 의심 없이 믿어온 것에 대해 단호한 이의를 제기합니다. '거실에는 단란한 가족이 있고, 침실에서는 부부가 애정을 키워가며, 아이 방에는 착한 아이가 있다'는 건 단순히 이상적인 상像이며, 현실과는 거리가 있는데 아직도 그런 이상만 따르는 주택이 만들어지고 있다는 게 이상하다고 그는 역설합니다. 이런 고찰에서부터 그는 '한 가족=한 주택', '핵가족을 위한 주택=모던 리빙'이라는 시스템이 앞으로는 사라지리라고 예상했고, 그것을 대체할 수 있는 주거 시스템을 찾아보자는 새로운 모색을 차근차근 심화시키고 있었지요. 야마모토 씨는 우리들의 몸과 뇌에 박혀 있는 '한 가족=한 주택'이라는 고정관념을 타파하기 위해 다양한 방법을 고민하고 있습니다. 가르치는 학생들에게 '애인과 동거하기 위한 집'을 설계하라는 도발적인 과제를 내주기도 하고, 가족이란 무엇인지, 주택이란 무엇인지 근본부터 다시 한 번 생각해볼 수 있는 질문을 던지기도 합니다.

특별히 언급하고 싶은 부분은 이런 생각이 단순히 관념적인 논리의 구축에서만 발생한 것이 아니라는 사실입니다. 야마모토 씨 자신의 성장 과정을 통해 만들어가게 된 것이기 때문입니다. 그의 저서 《주택론》 후기를 읽고 나자 얼음이 녹듯 수수께끼가 풀렸습니다. 그리고 야마모토 씨의 주택이 꽤나 친숙하게 느껴졌지요. 후기에는 이렇게 쓰여 있었습니다.

왜 주택에 집중하게 되었는지 잘은 모르겠지만, 발단은 우리 집이었던 것 같다. 모던 리빙과는 거리가 먼 엉터리 같은 집에 살았다. 가족 구성도 유니크했다. 아버지가 없는 대신 할머니와 숙모가 함께 살았고, 게다가 숙모에게는 가벼운 장애도 있었기 때문에 일반적인 가족생활과 비교해보면 꽤나 유니크했다고 할 수 있으리라.

그리고 그는 주택이라는 실제적인 예로 자신의 주장을 우리 앞에 펼쳤습니다. 그의 작품 자체가 '핵가족을 위한 주택=모던 리빙'이라는 관념을 비평하는 역할을 훌륭히 해낸 것이었습니다. 가제보가 그 대표적인 작품이었지요.

주방 쿡톱 너머로 바라 본 거실.
완성 당시에는 테이블 부분이 호리고타쓰(마룻바닥을 뚫고 설치한 좌석-옮긴이)였다.
도로 쪽에 접한 폭이 좁은 베란다는 고양이들이 오가는 통로,
즉 캣워크(통나무다리처럼 좁은 통로, 고양이만 통과할 수 있다는 의미에서 캣워크라 부른다.-옮긴이).

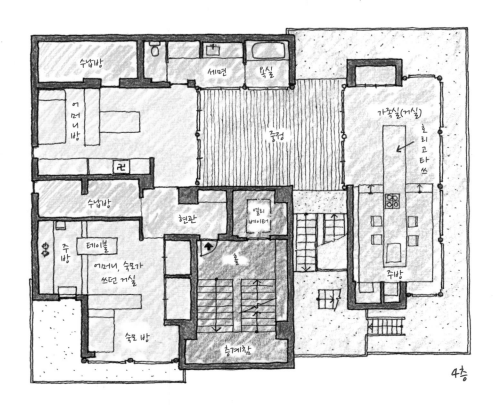

수납방

세면 · 욕실

어머니 방

중정

가족실(거실)

호리고타쓰

수납방

현관

엘리베이터

주방

테이블

어머니, 숙모가 쓰던 거실

거실

주방

숙모 방

층계참

4층

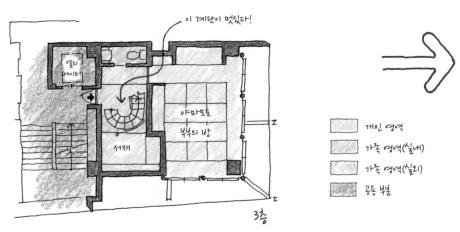

이 계단이 멋있다!

엘리베이터

야마모토 부부의 방

서재

3층

	개인 영역
	가족 영역(실내)
	가족 영역(실외)
	공용 부분

완성 당시의 방 배치

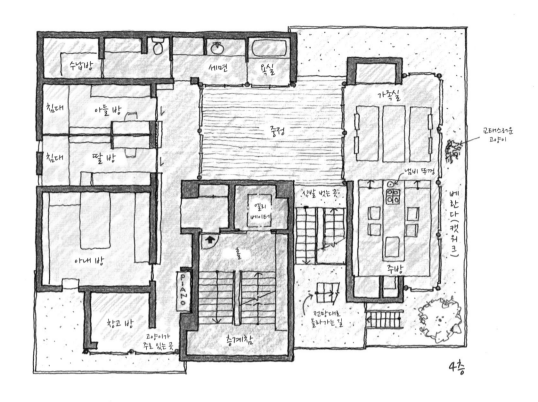

수납방

세면 욕실

침대 아들방

침대 딸방

중정

가족실

교태스러운 고양이

넘비 뚜껑

신발 벗는 곳

엘리 베이터

아내 방

홀

베란다 (캣워크)

PIANO

주방

창고 방

고양이가 주로 있는 곳

전망대로 올라가는 길

총계참

4층

건축 개요

명칭 : 가제보GAZEBO

소재지 : 가나가와 현 요코하마 시

가족 구성 : 부부+자녀 두 명

부지 면적 : 229.03㎡

건축 면적 : 210.58㎡

총 바닥 면적 : 664.60㎡

규모 : 4층

구조 : 철근 콘크리트 조+철골조

설계 : 야마모토 리켄 설계공방

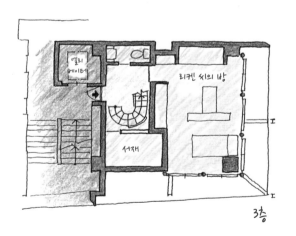

엘리 베이터

리켄 씨의 방

서재

3층

현재의 방 배치

왼쪽 : 중정에서 바라본 외부 계단.
오른쪽 계단을 올라 정면에 보이는 계단을 꺾어 올라가면 전망대(가제보)에 다다른다.
오른쪽 : 3층에서 4층으로 올라가는 외부 계단.
상부에 돔형 구조물이 설치되어 있기 때문에 비가 와도 젖지 않고 올라갈 수 있다.
정면에서 고양이 두 마리가 "가제보에 오신 걸 환영합니다!"라고 말하듯 공손하게 맞아주었다.

가제보를 방문한 날은 구름 한 점 없는 푸른 하늘에 햇살이 내리쬐는 따뜻한 초겨울이었습니다. 도요코센東横線 단마치 역反町駅에서 건물을 향해 걷다 보면, 오늘의 목표물인 둥근 지붕이 감청색 하늘을 배경으로 두둥실 떠 있는 모습을 멀리서부터 볼 수 있습니다. 좀 더 걸어가다 보면 건물 약 40미터 앞에 육교가 있고, 마음이 끌리는 대로 올라가면 그 육교가 가제보를 견학하기에 가장 좋은 전망대임을 알 수 있습니다. 약속 시간보다 다소 일찍 도착했기에 육교 위에서 잠시 건물을 바라보며 시간을 보냈습니다. "지붕을 건물에서 떼어내, 공중에 떠 있는 것처럼 설치하면 그 아래에 있는 공간과의 관계가 보이는 것 같다"라는 야마모토 씨의 말을 되새기면서 말이지요.

　이제 드디어 내부를 살펴볼 시간입니다. 야마모토 씨 자택 현관은 가제보 3층에 있습니다. 그런데 아무래도 3층 현관은 손님용, 4층은 가족용이라는 식으로 출입구를 구분하는 듯합니다. 3층 초인종을 눌러달라는 야마모토 씨의 말씀대로 3층 현관을 통해 안으로 들어갔습니다. 문을 열면 방이 아닌 외부 공간이 나오는데, 오른쪽에 4층으로 올라가는 계단이 내방객을 기다리고 있습니다. 어딘지 모르게 뒷계단 같은 이미지가 느껴지는 이 계단은 도넛을 절반으로 자른 것 같은 평면에 여섯 개의 층계를 배치한 매력적인 계단입니다. 그 조소적彫塑的 형태는 물론, 세 번째와 네 번째 계단에 부착되어 있는 짧은 난간의 세심한 디자인 등, 계단을 오르다가 멈추고는 넋을 잃고 한참 바라보았습니다.

　"건축은 추상적인 사고의 대상이며 그 결과물이다."

　이러한 그의 논객적인 태도는 일찍부터 유명했지요. 하지만 이 계단 하나만 보더라도, 그는 논객 이전에 뛰어난 건축가이며, (혹은 다소 묘한 표현이지만) '건축에 대한 시심詩心이 있는 사람'이라는 사실을 새삼 실감했습니다. 그 사실을 입구에 들어선 순간, 확실히 깨닫게 된 것이지요.

게다가 계단을 올라 덱 앞에서 신을 벗고 중정에 들어선 순간, 이번에는 '오, 이런 것이었단 말인가!' 하고 속으로 감탄했습니다. 잡지 사진을 보고 상상하던 것과는 크게 달랐기 때문입니다. 중정의 넓이는 물론, 중정을 감싸는 건물의 높이도 상상보다 훨씬 자그마했습니다. 그 때문에 호들갑스럽다거나 허세를 부리는 느낌도 전혀 없어 만족스러운 마음에 무릎을 쳤지요. 높이를 억제한 작은 공간들. 건축이라기보다 오두막이라 칭하고 싶은 사이즈의 공간들이 서로 어깨를 기댄 채 모여 친밀감을 자아내고 있었습니다. 이렇듯 작은 공간을 솜씨 좋게 그러모아 넓은 공간을 감싸게 하는 기법은 그가 취락 조사를 통해 경험적으로 배운 것인지도 모르겠네요. 그렇게 그가 만든 중정에는 평온한 정적이 흐르고 있었습니다.

가족실 테이블 앞에 자리를 잡고 앉으니 그곳의 편안함도 특별했습니다. 잘 표현할 수는 없지만, 실내에 있으면서 의식의 절반 정도는 바깥에 있는 느낌이라고나 할까요? 테이블을 두고 어느 쪽에 앉아도 눈앞으로 바깥 풍경이 보입니다. 유리창 너머로 중정이나 도로 측에 만들어둔 좁고 긴 베란다가 보이기 때문에 어느덧 시선이 그쪽을 향하게 되지요. 그때 베란다 쪽을 향해 앉아 있었는데, 야마모토 씨 등 뒤로 보이는 베란다에서 고양이들이(야마모토 씨 댁에는 귀여운 고양이 세 마리가 있습니다) 왔다 갔다 하는구나 싶다가도 갑자기 배를 보이고 누워서는 바닥에 등을 비비는 모습을 볼 수 있었습니다. '이런 광경, 어딘가에서 본 적 있는데' 하고 어슴푸레 생각하다 보니 어릴 때 살던 집의 한 장면이 떠올랐습니다. 어릴 때 살던 집 다실 너머가 툇마루였는데, 거기를 거처로 삼던 우리 집 고양이의 몸짓을 고타쓰(앉은뱅이 테이블 중앙에 열원을 넣고 이불을 덮어 만든 난방 기구-옮긴이) 안에서 내도록 바라보고는 했거든요. 예전에는 이 방에 테이블 대신 호리고타쓰가 있었다고 하니 다다미방과 툇마루의 느낌이 좀 더 짙게 감돌았을 것 같네요.

곡면 유리의 천창에서 자연광이 쏟아져 들어오는 밝은 공간. 세면, 탈의, 세탁 공간이 있고 안쪽에 변기가 있다.

중정 너머 가족동이 보인다.
이른 아침이었기 때문에 중정에 햇살이 들어오지 않았지만
오후에는 기분 좋게 햇빛이 들어오는 거실이 된다.

마주 앉은 자리에서 야마모토 씨는 예술대학 대학원 시절 이야기를 해주셨습니다. 어느 날 본인이 설계한 주택에 대해 아마노 다로天野太郎 교수가 이런 질문을 했다고 합니다. "주방 쿡톱 위에 냄비를 올려뒀다고 하자. 왼손으로는 냄비 뚜껑을 들고 오른손으로는 달걀을 쥐겠지. 자, 야마모토 군은 그 뚜껑을 어디에 내려놓을 건가?"

즉, 쿡톱 위에는 냄비 뚜껑을 올려둘 정도의 공간이 필요하다는 말이었습니다. 그러나 야마모토 씨는 살림에 관련된 그런 사소한 것보다는, 주택의 본질에 보다 절실히 관련된 것을 봐달라고 반박했다고 합니다. 아마노 교수의 주택 설계 지도는 "가족이란 무엇인가?"라는 질문에서부터 시작해, 이른바 핵가족을 위한 모던 리빙에 대해 의문을 품기 시작한 그에게는 어딘가 관점이 빗나가 있고 답답해 짜증스럽기까지 했을지도 모르겠다는 생각이 들었습니다. 이 흥미진진한 에피소드를 들으니, 젊을 때부터 이미 그는 완벽한 '야마모토 리켄'이었구나 싶었습니다. 새삼 제 눈앞에 있는 그가 대단하다는 생각이 들기까지 했지요.

"나카무라 씨의 주택도 실제로 한번 보고 싶군요."

얘기를 나누던 중 야마모토 씨가 불쑥 그런 말을 하셨습니다. 립 서비스인지는 모르겠으나, 야마모토 씨께 그런 말을 들으니 기쁜 마음에 저절로 얼굴이 활짝 피는 걸 느낄 수 있었지요. 그 자리에서 바로 이런 대답을 드렸습니다.

"꼭, 꼭 보러 오세요! 냄비 뚜껑 놓아둘 곳밖에 없는 주택이지만요!"

아이 방과 부부 침실이 있는 공간.
벽 쪽의 알루미늄 책장은 최근 개·보수할 때 설치한 것이라고 한다. 이 집은 시시각각 변화하고 있다.

높은 천장 통로에서 내려다본 사토 시게노리 군과 나.
사토 군은 "질문은 언제 하실 건데요?" 하고 내 쪽을 살피고 있다.

사토 시게노리佐藤重徳

후추의 주택

2006년 도쿄 도 후추 시

    서른둘에 독립하자고 결심했을 때, 건축 사무실(아틀리에)에 내 이름을 넣지 않고 '레밍 하우스'로 정했습니다. 레밍은 스칸디나비아 반도에 서식하는 쥐의 일종인데, 대이동하는 습성이 있어 '나그네쥐'라는 일본 이름이 붙은 동물이지요. 레밍 하우스라는 명칭은 제가 쥐띠라는 사실과 지독히 여행을 좋아하는 것을 연관시켜 붙인 이름입니다.

    건축 사무실을 열고 10년 정도 지났을 무렵, 저보다 한 바퀴 밑 쥐띠에 여행을 좋아하는 직원 하나가 레밍 하우스에 입사했습니다. 이번에 소개할 '후추의 주택'을 설계한 사토 시게노리 군이 바로 그 직원이었습니다(씨라고 하기엔 너무 어색하니 이번에는 '군'이라 부르도록 하겠습니다).

    사토 군은 1991년에서 1997년까지 6년간 레밍 하우스에서 일한 다음 독립했습니다. 사토 군과 저는 6년 동안 일본 국내뿐만 아니라, 미국, 프랑스, 이탈리아, 튀니지, 네팔, 파리 등 세계 각지를 함께 여행했습니다. 손꼽아보니 6년 동안 열세 번, 즉 반년에 한 번꼴로 해외여행을 했다는 계산이 나옵니다. 그중에는 레밍 하우스 연수 여행(사원 여행)이나 취재 여행도 있긴 했지만, 일단은 레밍이란 이름에 부끄럽지 않은 횟수라 해도 되지 싶습니다.

    그런 사토 군이 자택을 설계한다는 이야기를 들었습니다. 완성되기를 기대하고 있었지요. 자택에는 그 건축가의 사상, 신념, 경험, 동경, 기량, 미학, 생각, 인생관, 그리고 어떤 것에 집중하고 있는지 등, 그의 모든 것이 드러납니다. 오랜 세월 만나오며 잘 알고 있는 사토 군이 자택 설계에 어떻게 맞붙어 싸우는지, 지금까지 했던 일과 경험을 디딤돌 삼아 어떤 식의 새로운 모습을 보여줄지, 그의 전 보스였던 저로서는 흥미진진했지요.

거실에서 보이드 공간 너머 남쪽 발코니 방향을 바라본 모습.
시공 때는 없었던 원통형 난로를 들여 겨울의 단란한 즐거움이 늘었다.
남쪽에 2층 높이로 설치한 커다란 개구부는 나무로 만든 섀시이다.

후추의 주택이 완성된 것은 2006년입니다. 지금까지 여러 번 그의 집을 방문했지만, 이번은 '건축가가 사는 모습'을 테마로 한 취재이니 구석구석 유심히 새롭게 관찰하고 궁금한 것이 있다면 꼬치꼬치 캐어물어 그의 이야기를 들어보자고 마음먹었습니다. 그러나 실제로는 '구석구석 관찰'도 '꼬치꼬치 캐묻기'도 하지 못하고 말았습니다. 언제나 그렇듯 쉴 새 없이 수다를 떨었고, 따라준 맥주를 꿀꺽꿀꺽 마시며 시노 씨(사토 군의 아내)가 만든 맛있는 음식을 먹고 돌아온 걸로 끝이었지요. 이렇게 쓰니 심부름 가서 빈손으로 돌아온 아이 같다고 생각하실지 모르니, 한마디 변명을 드려야겠네요. 후추의 주택은 유쾌하면서도 간소한 집이기 때문에 새삼스레 자잘한 것을 발견하려고 두리번거린다거나 설계 의도를 친절하고 자세하게 설명해주십사 부탁할 필요가 없는 집이거든요. 그런 까닭에 집에 대해 아무런 질문도 하지 않고 맥주를 마시며 잡담에 몰두했던 거지요. 하지만 아무래도 사토 군은 불안했는지(아니면 속이 탔는지), 묻지도 않았는데 토지 취득부터 설계를 거쳐 착공하기까지의 경위 같은 것들을 이야기해주었습니다. 고지식할 정도로 착실한 사토 군다운 재미있는 이야기였기에 지금부터 소개해볼까 합니다.

후추 근방에 자택을 지어야겠다고 결심한 사토 군은 토지를 매입할 준비를 했습니다. 사전에 그 주변 땅의 시세를 염두에 두고 예산 내에서 손에 넣을 수 있는 땅의 크기와 그 형태를 예측했습니다. 그리고 용의주도하게도 가공의 토지에 맞는 법적 조건(건평률, 용적률, 높이 제한 등)을 기준으로 3층 건물을 설계한 후, 본격적으로 땅을 찾았습니다.

장의 벽으로 내부 공간을 감싼 구성이 확실히 드러나는 북쪽 외관.

그렇게 한 데에는 다음과 같은 이유가 있었습니다. 토지 매입은 일생일대의 가장 큰 쇼핑이 될 수도 있는 일입니다. 이거다 싶은 매물을 만나면 곧바로 결정한 후, 계약금을 지불해 계약해두지 않으면 그 물건을 놓쳐버릴 수도 있습니다. 즉 속전속결 해치워야 하는 일이지요. 그러나 그 땅에 어떤 건물을 지을 수 있을지 차분히 검토할 시간 없이 서둘러 매매 계약을 체결하는 건 리스크가 너무 크다고 생각한 것이지요. 그래서 미리 설계를 해두고, 예산에 적합하고 마음에 드는 땅이 나오면 미리 준비해둔 도면을 그 땅과 비교하며 살지 말지 판단하는 방법을 선택한 것이지요.

이 이야기를 듣다가 어디선가 들어본 적 있는 이야기라고 생각했는데, 과연 그와 비슷한 이야기가 있었습니다. 르 코르뷔지에의 《작은 집》(르 코르뷔지에 저, 모리타 가즈토시 역, 집문사, 1980년)이라는 책에 나온 이야기였지요. 르 코르뷔지에가 부모님이 노후에 생활할 집을 짓기로 결심하고 땅을 찾기 시작할 때, 지어야 할 집 도면을 호주머니 속에 넣어 가지고 다니면서 땅을 봤다고 하는 유명한 이야기입니다.

르 코르뷔지에는 책에 이런 말을 썼습니다.

부지보다 앞선 설계요? 그렇습니다. 이 집에 적합한 부지를 찾겠다는
설계 계획이었으니까요.

뜻밖에 사토 군도 20세기 건축계의 거장이 레만 호수 근방에서 80년 전했던 일과 같은 일을 한 것이지요. 도쿄 서쪽 끝, 후추 시에서 말입니다.

현관에 들어서면, 안쪽으로 쭉 연결된 통로가 보인다.
이 현관에는 따로 신발 벗는 곳이 없는데, 적당한 곳에서 구두를 벗는다는 '경계의 애매모호한 느낌'이 마음에 든다.

2층에 올라가면 오른쪽 정면으로, 발포 콘크리트로 된 거대한 벽면이
제일 먼저 눈에 들어온다. 보이드 공간과 커다란 벽면이 사토 군 가족의
일상생활을 포근히 감싸며 안도감을 준다는 것을 느낄 수 있다.

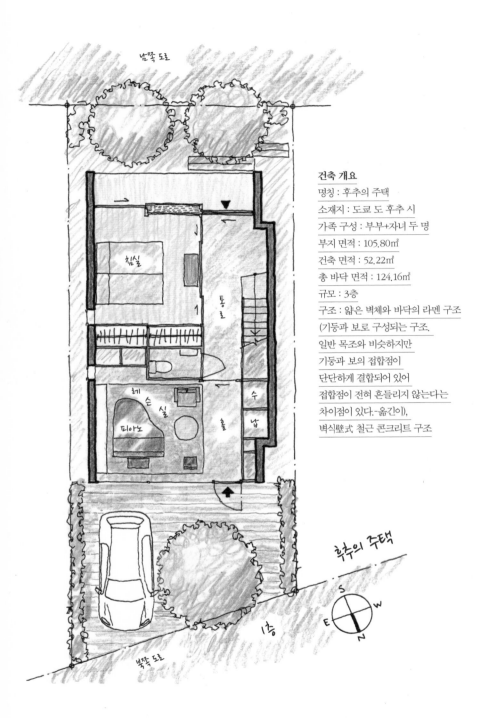

南쪽 도로

침실

통로

레슨실 피아노

홀

수납

후추의 주택

1층

S
E　W
N

북쪽 도로

건축 개요

명칭 : 후추의 주택

소재지 : 도쿄 도 후추 시

가족 구성 : 부부+자녀 두 명

부지 면적 : 105.80㎡

건축 면적 : 52.22㎡

총 바닥 면적 : 124.16㎡

규모 : 3층

구조 : 얇은 벽체와 바닥의 라멘 구조

(기둥과 보로 구성되는 구조.

일반 목조와 비슷하지만

기둥과 보의 접합점이

단단하게 결합되어 있어

접합점이 전혀 흔들리지 않는다는

차이점이 있다.-옮긴이),

벽식壁式 철근 콘크리트 구조

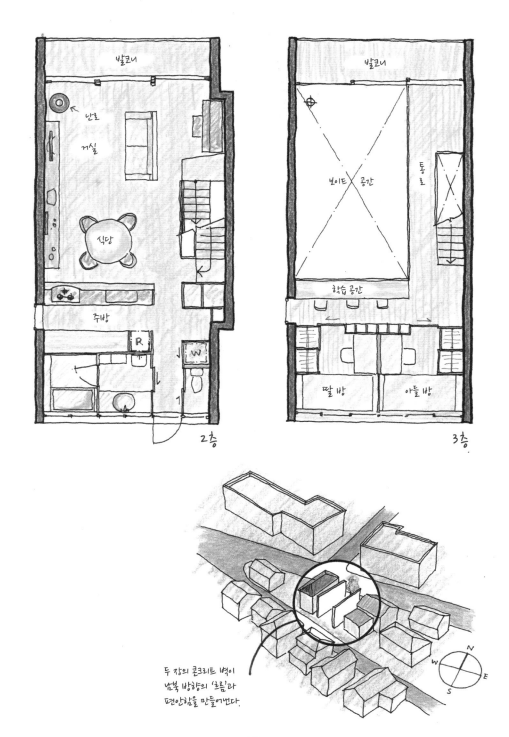

발코니

난로

거실

식당

주방

R

W

2층

발코니

보이드 공간

통로

학습 공간

딸 방

아들 방

3층

두 장의 콘크리트 벽이
남북 방향의 '흐름'과
편안함을 만들어낸다.

N
W   E
S

현관 옆에 있는 시노 씨의 피아노 방.
천장과 바닥에 흡음 시설을 해 2년 전에 완성한 공간이다.
후추의 주택은 시간과 더불어 변화(진화)하고 있다.

어느 날 사토 군은 이거다 싶은 땅을 발견했습니다. 또다시 르 코르뷔지에의 문장을 빌리자면, 사토 군이 만난 땅은 "평면 계획을 부지에 적용해보니, 마치 손에 장갑에 끼는 것처럼 딱 들어맞았다"라고 합니다.

여기까지는 사토 군의 예상과 계획대로였습니다. 가공의 기본 설계안을 그대로 쓸 수 있으니 설계 기간도 대폭 줄어들었지요. 설계는 순조롭게 진행되었고 건축 신청을 넣어 허가만 떨어진다면 바로 착공에 들어가는 단계까지 진행된 상태에서 연말연시를 맞이했습니다. 그러나 그때 '예상 밖의 일'이 일어나고 말았습니다. 설 연휴 때 느긋한 기분으로 완성된 도면을 보던 사토 군의 굵은 눈썹이 꿈틀댔고 미간에는 주름이 잡히기 시작했습니다. '이 평면이 그 부지에 어울릴까?'라는 의문이 갑자기 머리를 쳐들었기 때문입니다. 다시금 부지의 모습을 머릿속으로 그려보며 그 위에 평면을 내려놓으니, 이게 웬일입니까!, 뒤죽박죽이라는 생각이 들기 시작한 것이지요. 이 부지 최대의 특징은 남쪽과 북쪽이 도로에 면한 '원활한 동선'인데, 착공 직전의 평면은 그것을 전혀 살리지 못하고 있었던 것입니다. 그 사실을 깨닫고 사토 군은 아연실색할 수밖에 없었습니다. 사토 군의 말을 빌리면, 그때만큼은 정말 심장이 두방망이질 쳤다고 합니다. 고심 끝에 그는 설계를 대폭 변경하기로 결심했습니다. 하지만 그 전에, 피아니스트이자 피아노 레슨실이 딸린 신축 건물을 손꼽아 기다리는 아내에게 이해를 구해야만 했습니다. 평면을 다시 만들어야 하기 때문에 조금 더 시간이 걸리고 완성도 늦어질 것이라고 말이지요. 평면을 대대적으로 변경함에 따라, 건축 자재 업체와 그 외 각 방면에 크고 작은 폐를 끼치는 것은 물론이거니와 아내를 실망시키게 된 게 제일 힘들었다고, 절절한 어조로 회상하는 애처가 사토 군이었습니다.

그런 전말이 있었다는 걸 내색하지 않고, 후추의 주택은 온화한 표정으로 거리 풍경에 녹아들어 있습니다. 이 집을 찾는 사람은 동서의 부지 경계에 만들어둔 두 장의 콘크리트 벽이 남북으로 뚫린 방향성을 강조하며 두 도로를 의식적으로 연결한 공간 장치의 역할을 한다는 것을 알아차릴 수 있습니다. 그 의식에 이끌리듯, 북쪽 현관홀에 들어서면 통로 역시 일직선으로 이어져 남쪽을 관통합니다.

3층 통로에서 바라본 아이 방의 모습.
아이 방 바로 앞에 학습 공간이 있는데 하루 종일 천창에서 부드러운 빛이 내려온다.

현관문을 연 순간, 긴 통로 너머로 북쪽 현관 앞과 남쪽 정원에 심은 타이완 물들레나무와 대면하게 되는데, 마치 서로 인사를 나누는 듯 여겨집니다. 철제 계단을 다 올라가면 폭 7미터, 높이 5미터의 노출 콘크리트 벽이 정면에서 우리를 기다리고 있습니다. 거기서 왼쪽을 올려다보면, 잘게 구획된 천창에서 부드러운 빛이 매끄러운 콘크리트의 피부를 쓰다듬으며 내려와 실내에 평온함을 부여합니다. 이런 건축적 아이디어가 이 집에서 꾸려가는 사토 군 가족의 일상을 부드럽고 여유롭게 감싸고 있음을 깨닫게 됩니다. 또 주의 깊은 사람이라면, 두꺼운 콘크리트 벽을 제외하고는 목재로 된 공간 구분 장치가 '벽'이 아닌 창호 사이즈 정도 두께의 '패널'로 되어 있다는 사실을 발견할 겁니다. 이런 디테일에서도 사토 군의 세심한 마음 씀씀이와 건축적 센스를 엿볼 수 있지요.

한편 특별히 제 흥미를 끄는 부분은 두 장의 벽을 최대의 테마로 삼으면서도 서쪽 벽의 1층과 2층이 아주 약간 바깥으로 튀어나오게 했다는 것입니다. 벽을 강조하는 주택이기 때문에 보통이라면 평판의 벽으로 하기 마련이지만, 후추의 주택은 그렇게 되어 있지 않았습니다. 콘셉트를 지나치게 강조해 이론에 치우친 건물이 되는 것을 피하고 싶었기 때문이지요. 건축 작품으로서의 순도를 높이는 것보다 '주택은 생활을 담는 용기'라는 관점에 서서 그 속에서 살아가는 인간의 생활을 존중한 것입니다. 실질적으로도 약간 바깥으로 튀어나온 벽 덕분에 통로의 폭이 여유로워졌고 수납공간도 넉넉히 확보할 수 있었습니다. 그에 따라 편리성도 현격하게 올라가게 되었지요.

로버트 벤투리는 《건축의 다양성과 대립성》(로버트 벤투리 저, 이토 고분 역, 시카지마출판회, 1982년)이라는 책에 '지나치게 매끈한 것보다는 자국이 남아 있는 쪽을, 디자인되어 있는 것보다는 평범한 쪽을 더 좋아한다'라고 썼습니다. 후추의 주택 벽을 다루는 데 있어 사토 군이 벤투리와 같은 의견을 보였다는 것을 높이 평가하고 싶네요.

1957년생인 첸 씨는
'아시아에서 가장 영향력 있는 건축가 중 한 사람'으로 평가받는 인물이다.
고궁박물원에 있는 중국차와 과자 전문점 '삼희당三希堂' 등,
심플하면서도 품격 있는 음식점을 디자인한 것으로 정평이 나 있는 건축가이다.

첸 뤼시엔陳瑞憲

양명산陽明山의 집

2006년 타이완 타이베이 시

재작년(2010년)에 주택 설계 일로 타이완으로 출장을 갔을 때, 미팅 중 잠깐 빈 시간을 이용해 대형 서점에 간 적이 있었습니다. 24시간 영업하는 성품서점 誠品書店이라는 곳이었지요. 모던한 개가식 도서관 같은 분위기의 안락한 공간이었고, 대규모의 아트·디자인·건축 전문서를 보유한 곳이었습니다. 평소 바빠서 서점에 갈 시간이 없었던 저는 그 서점에서 긴 시간을 보냈지요.

이번 회의 주인공은 참신한 감각으로 젊은이들에게 큰 인기를 끄는 성품 서점을 디자인한 첸 뢰시엔(레이 첸Ray Chan) 씨입니다.

첸 씨를 알게 된 건, 제게 건축을 의뢰한 타이완 클라이언트가 주최한 파티에서였습니다. 건축가, 화가, 시인, 작곡가, 사진작가 등 이름 있는 쟁쟁한 분들을 초대한 파티였습니다. 첸 씨는 일본어를 유창하게 구사하는 것은 물론, 그가 유학했던 학교가 제가 30대 초반에 학생을 가르치던 디자인 학교였기도 한 데다 안도 다다오 씨의 설계 사무소에서 아르바이트를 했다고 합니다. 그 덕분에 저와 죽이 잘 맞아 활기차게 대화를 나누었습니다.

첸 씨의 인상을 간단명료하게 소개하자면, '재기 넘치고 기백이 날카로운 건축가'라 할 수 있습니다. 군인 스타일의 짧은 머리 모양과 군살 없는 슬림한 체구를 감싼 멋진 옷, 세련된 배려, 부드러운 대화 속에 과감히 찔러 넣는, 농담이라고도 빈정거림이라고도 할 수 없는 재치 있는 발언 등, 동물에 비유하자면 예리하고 사나운 표범 같은 인상이라고나 할까요? 일부러 그러려고 한 건 아니었지만, 그런 첸 씨를 관찰하다 보니 필립 존슨이 떠올랐습니다. 젊은 시절의 필립 존슨도 아마 이런 느낌을 풍기지 않았을까, 라는 생각이 들더군요.

위 : 아래층에서 녹음에 싸인 양명산의 집을 올려다본 풍경. 아래층 지붕은 넓은 평지붕이다.
아래 : 나무 덱으로 된 접근로.
과수원과 밭을 지나 울창한 수목 사이 오솔길을 걷다 보면 홀연히 건물이 등장한다.
엉겁결에 '은둔처'를 발견한 기분이 든다.

다음 날, 사전 조사차 양명산의 부지를 보러 갔습니다. 설계 의뢰인과 그의 친구들이 동행한 자리였지요. 그리고 그날, 부지에서 그리 멀지 않은 첸 씨의 자택 '양명산의 집'도 더불어 견학할 수 있었습니다. 그의 자택은 예상대로(라기보다는 그의 인상 그대로) 군살 없고, 멋있고, 세련되고, 재치 있는 귀공자풍 주택이었습니다. 그렇게 그때의 우연찮은 방문이 이번 취재의 사전 조사가 되었던 것이지요.

"일단 사무실로 오세요. 여기서 제 차로 함께 갑시다."

취재 당일 이런 이야기가 오갔기 때문에 견학에 앞서 첸 씨가 책임자로 있는 '10월 설계'로 향했습니다. 고급 맨션 지하 한 층 전부를 사용한 넓은 설계 사무실로, 넓이는 아마 100~120평 정도 될 겁니다. 수많은 직원들이 그 넓은 공간에서 분주하게 일하고 있었지요. 천장 높이는 2층 정도 되고, 양옆에 갤러리풍 로프트가 있었는데, 갤러리 벽 한쪽 전부가 책과 자료 선반으로 가득 차 있었습니다. 책의 양에 이끌려 갤러리 쪽으로 올라가보니, 앉아서 책을 읽을 수 있는 벤치나 자료를 펼쳐볼 수 있는 독서대 같은 것들이 자연스럽게 마련되어 있는 꽤나 매력적인 도서 공간이었습니다. 생각해보니 당연하네요. 성품서점을 시작으로 다수의 성공적인 서점을 건축한 첸 씨에게 책을 위한 환경을 만드는 건 자신 있는 분야일 테니까요.

양명산은 타이베이 시 외곽, 고궁박물원故宮博物院 안에 있는 국가공원(일본식으로 말하면 국립공원)입니다. 그 일각에 첸 씨의 자택 양명산의 집이 있습니다. 주변 일대가 풍부한 자연에 둘러싸인 고급 주택지로, 국가공원 내의 주택지이기 때문에 건축에 대한 법적 규제가 엄격하고 원칙적으로 신축이 금지되어 있다고 합니다. 양명산의 집은 그곳 대지주의 부지 일부를 빌려서 지었다고 하는데, 첸 씨의 말에 따르면 땅 주인에게 잘 보여서 집을 지을 수 있었다고 합니다.

그런데 그게 법적으로는 어떻게 되는 건지, 임대 조건은 또 어떻게 되어 있는지, 의문이 전부 해소되지는 않았습니다. 또 진위 여부는 모르겠지만(첸 씨는 가끔 진지한 얼굴로 농담을 하며 사람을 속이기도 합니다), 타이베이 시내의 임대료가 무척 비싸기 때문에 시내의 적당한 위치에 적당히 넓은 맨션을 6년간 빌리는 임대료와 신축 공사비가 크게 차이 나지 않았다고 합니다.

그렇게 신축한 주택은 철골과 유리로 된, 지극히 심플한 건물입니다. 경사지에 세운 까닭에 몇 층이라고 딱 잘라 말하기는 어렵지만, 위아래로 두 개의 층이 있고, 아래층 뒤로는 옹벽입니다. 주 생활공간은 위층이고 현관으로 향하는 접근로도 위층에 있습니다.

양명산의 집에 들어가기 위해서는 일단 주차한 후, 주인집 부지 안으로 들어오는 고색창연한 커다란 나무문을 끼익 열고 들어가야 합니다. 옆쪽의 밭과 과수원을 바라보며 내리막 오솔길을 40미터 정도 걸으면 나무 덱을 깔아 만든 진입로와 마주칩니다. 울창한 수목에 가려져 건물이 전혀 보이지 않다가 기습적으로 눈앞에 나타나기 때문에 처음 갔을 때는 은둔처를 발견한 것 같은 기분이었지요. 설계 시 어딘가 이런 비밀스러운 분위기가 나도록 의도한 건지도 모르겠습니다. 그리고 현관문을 열면 밝고 크고 넓은 원룸 실내가 우리를 기다리고 있습니다. 수목 밑을 지나와야 했기에 어느 정도는 어둡고 닫힌 인상을 받았던 것과는 대조적이었지요. 정면의 벽은 눈 밑으로 펼쳐진 풍경을 바라볼 수 있도록, 바닥에서 천장까지 전면 유리로 된 개구부입니다. 시각적으로 대단히 개방적인 반면, 고정창으로 밀폐되어 있기 때문에 감각적으로는 보호받고 있다는 안도감이 느껴집니다. 앞서 '은둔처'라는 말을 썼듯, 실내는 '유리로 둘러싸인 밀실' 같은 분위기도 느껴집니다.

다이닝 테이블에서 바라본 리빙 공간.
화이트와 엷은 베이지 톤으로 통일한 널찍한 실내가 인상적이다.
자연스럽게 장식된 소품과 조각 컬렉션을 감상하는 재미도 쏠쏠하다.

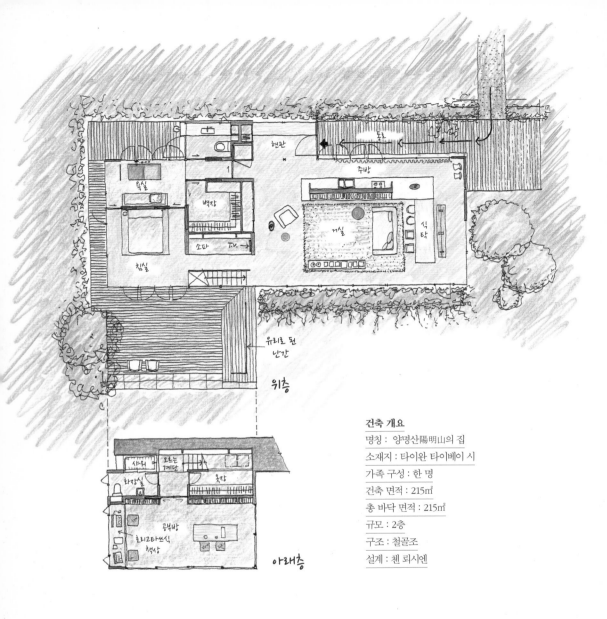

화실

벽장

욕실

소파

T.V.

침실

현관

복도

주방

거실

식
탁

유리로 된
난간

위층

샤워

오르는
계단

화장실

옷장

공부방
호리고타쓰식
책상

아래층

건축 개요

명칭 : 양명산陽明山의 집

소재지 : 타이완 타이베이 시

가족 구성 : 한 명

건축 면적 : 215㎡

총 바닥 면적 : 215㎡

규모 : 2층

구조 : 철골조

설계 : 첸 뢰시엔

첸 뢰시엔 타이베이 양명산의 주택

이제 평면도를 살펴봅시다. 누가 보더라도 집 전체가 세련, 산뜻, 여유로워 도무지 살림때가 묻은 느낌이 나지 않는다는 걸 제일 먼저 알아차리게 될 것입니다. 이유는 간단합니다. 첸 씨는 우아한 '독신 귀족'이니까요. 독신 귀족이라 하니 또다시 떠오르네요. 앞에서 첸 씨를 젊은 시절의 필립 존슨을 떠올리게 한다고 썼는데, 유리에 둘러싸인 독신 남성의 독거 주택이라는 의미에서도 존슨의 '글라스 하우스'와 양명산의 집은 공통점이 있습니다. 그런 생각을 하며 평면도를 살펴보면, 현관에 들어가면 왼쪽에 주방, 그 앞쪽에 다이닝 공간, 다이닝 공간과 이웃한 리빙 공간, 그리고 벽장 뒤쪽에 침실이 있는 식으로, 평면의 구성도 글라스 하우스와 상당히 비슷합니다. 하지만 그렇다고 첸 씨가 글라스 하우스의 평면도를 본보기로 양명산의 집을 만들었다는 의미는 아닙니다. 통로나 공간 구획 벽을 없앤 원룸 공간에 주택에 필요한 공간을 균형 있게 배치하다 도달하는 해답 중 하나가 이런 식의 평면도이기 때문입니다.

독자 여러분들이 평면도를 보고 계시다면, 어느새 눈으로 평면도 속 여기저기를 걸어 다니는 자신의 모습을 발견할 수도 있습니다. 실제로도 그랬습니다. 막다른 곳이 없는 공간 배치와 더불어, 그 공간을 걷는 것만으로 시계가 차츰 변화하기 시작합니다. 그러면서 놀라움과 발견, 감탄과 공감이라는 감정을 즐길 수 있었기 때문에 저 또한 건물 내부를 몇 번이나 돌아보았으니까요. 르 코르뷔지에는 '건축적 산책로'라는 말을 자주 썼는데, 이러한 건축적 산책로가 자연스럽게 포함되었다는 것이 이 주택의 큰 볼거리라고 할 수 있습니다.

실내를 '산책하던' 도중, 안락할 것 같은 공간에 마음이 끌려 반드시 걸음을 멈추게 되는 장소가 있습니다. 거실과 침실 코너 사이에 마련된, 넉넉한 사이즈의 붙박이 소파 코너입니다. 여기는 세 면이 벽으로 둘러싸여 데이 베드 같은 느낌이 나는 공간으로, 옆쪽 벽에는 TV가, 등 쪽 벽에는 책 선반이 설치되어 있지요. 아래쪽으로는 계곡, 그리고 그 너머로 펼쳐지는 거리 풍경을 조망할 수 있는 대형 유리 개구부가 설치되어 있어, 묘한 표현이기는 하지만 '닫힌 동굴' 같은 느낌이 납니다. 안락함에 대한 그의 동물적인 감각이 이런 공간에 가장 잘 드러난다고 할 수 있지요. 어쩌면 이 주택의 중심 공간은 '은둔처 속의 은둔처'라고 할 수 있는 이 소파 코너일지도 모르겠네요.

지금까지 주 생활공간인 위층에 대한 소개만 이어졌네요. 아래층 서재에 대해서도 살짝 살펴봅시다. 데이 베드 앞에 있는 계단을 내려가면 시원하게 트인 아래층 공간이 펼쳐집니다. 한쪽에 호리고타쓰처럼 만든 긴 책상이 있고 그 위에 컴퓨터가 놓여 있기 때문에 서재, 혹은 작업실인 것만은 분명하지만, 화장실과 욕실 등 물을 사용하는 공간도 있고 충분히 수납할 수 있는 벽장도 있으니 게스트룸으로 계획된 공간이라고도 할 수 있겠습니다.

한 차례 견학을 마치니, 어느새 주변은 황혼에 물들었습니다. 첸 씨는 경쾌한 걸음으로 초를 밝히고 재즈를 틀고 와인 병을 따며 야경을 즐길 준비를 했습니다. 손님을 대접하는 실로 세련된 그의 모습에 마음이 끌리는 걸 느낄 수 있었습니다. 창연하게 저물어가는 하늘, 그 밑으로 펼쳐지는 거리의 불빛도 점차 화려하게 반짝이기 시작했지요.

위 : 리빙 공간과 침실 사이에 있는 데이 베드 코너. 앞쪽 벽면에서 살짝 보이는 검은 물체는 벽걸이 TV.
TV를 보기도, 책을 읽기도, 바깥 풍경을 바라보기도 좋은, 안락한 장소이다.
아래 : 욕실. 욕조 없이 두 단을 내려 만든 움푹 파인 공간에 뜨거운 물을 받는다.
약간 추울 것 같지만 타이베이가 아열대 기후이기 때문에 이 정도로도 충분할 듯싶다.

위 : 베드 룸이라기보다는 '베드 코너'. 가리개식 벽 너머로 욕실이 있다.
아래 : 리빙 공간 장식 선반 뒤편에 있는 주방.
주방과 현관을 지나 욕실까지 일직선으로 연결되는 동선의 흐름이 인상적이다.

위 : 아래층은 작업실(서재)로 쓰고 있다. 파란 방석이 있는 공간은 호리고타쓰식 책상.
천장이 낮기 때문에 의자가 아니라 바닥에 앉고 싶은 기분이 든다.
아래 : 눈 밑으로 펼쳐진 야경을 독차지할 수 있는 훌륭한 입지 조건.
바깥 풍경과 실내 모습 모두가 유리에 비치기 때문에 시각적으로 재미있는 효과를 낸다.

넓은 툇마루(덱)에 의자를 꺼내 따뜻한 햇살을 받으며
이야기를 하고 있자니 농가의 툇마루 끝에 걸터앉아 볕을 쬐고 있는
행복한 기분이 든다. 이날은 4월처럼 쾌청하고 따뜻했다.

하야시 쇼지林昌二, 하야시 마사코林雅子

우리들의 집

1기 : 1955년 2기 : 1978년 도쿄 분쿄 구

널찍한 거실 쪽 개구부.
정면에 보이는 횡장창 부분이 카우치가 있는 서양식 다실풍 공간이다.
위쪽의 삼각지붕 다락방 쪽에 사우나와 욕실이 최소한의 사이즈로 들어앉아 있다.

얼마 전, 건축가 하야시 쇼지 선생의 자택을 찾아가 이야기를 들을 기회가 있었습니다. 하야시 선생은 〈신건축〉(1981년 2월 호)에 자신의 집을 발표할 당시, '우리들의 집'이라는 이름을 붙이셨지요. 그가 우리들의 집을 설계할 당시의 이야기부터 시작해, 자신의 건축관, 주택관 등, 시사하는 바가 많은 이야기를 이번 방문을 통해 들을 수 있었습니다.

하야시 선생이 설계한 집에서 설계자 본인의 이야기를 듣고, 그와 더불어 건학도 하겠다는 욕심 많은 기획을 세운 것은 다름 아닌 '이낙스INAX'였습니다. 건축 잡지 〈이낙스 리포트〉 독자라면 다들 아시겠지만, 이낙스는 매년 '디자인 콘테스트'를 엽니다. 건축가가 격전을 벌이는 콘테스트지요. 작년에 이 콘테스트가 30회를 맞이했습니다. 그것을 기념하며 〈디자인 콘테스트 우수 작품집〉에 하야시 쇼지 씨의 말씀을 싣기로 했습니다. 그와 관련해, 요 몇 년 동안 콘테스트 심사위원을 해온 저는 그를 인터뷰하라는 관계자분의 전화를 받았습니다. 실제로는 "하야시 쇼지 선생과 대담을 해보지 않으시겠습니까?"라는 내용이었으나, '대담'이란 여러 가지 의미에서 서로가 대등해야만 성립되는 것입니다. 전화 통화를 끝내기도 전에 '인터뷰에서 이야기를 듣는 역할'을 부탁받았다고 해석하고는, 기쁜 마음으로 그 큰 역할을 수락했습니다. 물론 긴장되기도 했지만 말이지요.

하야시 쇼지 선생이 특별히 사랑하는 공간.
카우치라 부르는 이 장소를 결정하는 것에서부터 우리들의 집을 설계하기 시작했다고 한다.

하야시 선생이 설계한 우리들의 집을 찾은 건 사실 이번이 세 번째입니다. 제일 처음 이 주택을 방문한 것은 〈신건축〉 1981년 2월 호에 우리들의 집이란 이름을 달고 발표된 지 반년도 지나지 않은 때였던 것으로 기억합니다. 하야시 선생은 이 주택의 잡지 발표에 엄청난 노력을 기울였습니다. 그저 아름다운 사진을 게재하는 것만으로 그치는 게 아니라, 쉽고 명료한 문장으로 쓴 '생활에서 주거로'라는 훌륭한 해설문은 물론, 직접 그린 도면과 선생 본인이 촬영한 사진을 충분히 넣어 꾸린 상세한 디테일 소개 코너도 있는, 스무 페이지가 넘는 묵직한 분량이었습니다. 읽을거리가 풍부하고 내용이 충실했지요. 당시 저는 요시모토 준조 선생 밑에서 가구 디자인 일을 하고 있었습니다. 하야시 선생의 건축을 견학한다는 이야기를 들었을 때, 밑져야 본전이라고, 사무실 동료들과 부탁을 드렸고, 기쁘게도 허락을 해주셔서 견학할 수 있었지요.

우리들의 집을 방문해 자세히 둘러보면서 감탄했고 공감했고 감화됐고 고무됐습니다. '설계 시의 마음가짐'이라는 것의 견본을 보았기 때문입니다. 주택에만 한정하지 않고 넓은 의미에서도 말이지요. 그리고 무엇보다도, 제가 필생의 작업으로 마음에 그려온 작업이 단순히 꿈으로 그치지 않고, 가까운 곳에서 구체적으로 느낄 수 있었다는 것이 가장 큰 수확이었습니다.

그 잡지를 보고 저와 같은 견학 희망자가 쇄도했던 것 같습니다. 그런 것들에 난처했는지, 하야시 선생은 '실제로 와서 견학하지 않아도 이 책을 읽으면 이 집에 대해 전부 알 수 있다'는 의도로 《나의 주거, 주거론》이라는 책을 출판했습니다. 〈신건축〉 발표 전후의 일이었지요. 그 책은 〈신건축〉에 실린 글의 속편이라 할 수 있는 내용으로, 〈신건축〉의 독자보다는 조금 더 일반적인 독자를 대상으로 쓴 책이었습니다. 물론 이 책이 출판되자마자 사서 읽어봤고, 순식간에 그 책의 재미와 깊이에 매료되고 말았습니다. 그 책에 쓰인 모든 것들이 하나씩 제 가슴속에 스며들었습니다. 조용하고도 확실하게, 그리고 깊이 빠져들기 시작했지요. 그 책의 '재미'와 '깊이'는 주택 설계의 '재미'와 '깊이' 그 자체였습니다. 게다가 보통 사람의 일반적인 생활에서 느끼는 '재미'와 '깊이'이기도 했습니다. 제가 주택 설계의 길에 들어선 것은, 그 책을 곁에 두면서부터였다고 할 수 있을 정도입니다.

현관에 들어서 신을 벗고 왼쪽으로 틀자마자 시야로 달려드는 광경.
거실에서 툇마루로, 다시 정원으로 이어지는 훌륭한 풍경이다.

우리들의 집을 두 번째로 찾은 것은 4년 전 9월이었습니다. 하야시 선생의 생일 파티 날이었고, 그 축하 자리의 말석에 저도 참석할 수 있었습니다. 그리고 이번이 세 번째 방문입니다. 이번에는 하야시 선생의 '인터뷰어'라는 큰 역할을 맡았기 때문에, 가지고 있던 그의 저작을 다시 한 번 읽는 등, 사전 연습에도 충분한 시간을 들였습니다. 면접시험이라도 보러 가는 듯 긴장된 기분으로 우리들의 집 현관 앞에 섰지요. 핵심 인터뷰는 '제30회 이낙스 디자인 콘테스트 우수 작품집'을 보시면 될 터이니, 여기서는 세 번째 견학에서 받은 인상에 대해 써보려고 합니다.

현관에 들어서 높이가 같은 마루와의 경계에 신발을 벗고 거실로 들어갔습니다. 왼쪽으로 몸을 90도 틀자마자 눈에 들어오는 드라마틱한 광경이 이 주택의 매력 중 하나입니다. 널찍한 거실 너머로 툇마루가 있고 그 앞에 정원이 있는데, 일을 마치고 돌아온 하야시 씨 자신은 물론, 이 집을 찾은 손님이 거실에서 정원 방면을 바라볼 때의 시각적인 면이 효과적으로 연출되는 것이지요. 무슨 말인지는 평면도를 보면 좀 더 확실히 알게 됩니다. 식당, 주방은 남서쪽으로 L자형 날개처럼 뒤어나와 있습니다. 그 공간은 직사각형이 아니라 끝으로 갈수록 좁아지는 사다리꼴이며 툇마루 동쪽에 있는 벽장 공간도 일부러 비스듬히 잘려 있습니다. 즉, 부채꼴로 시야가 열리도록 설계되어 있는 것이지요. 시험 삼아 그 두 군데의 각도를 실내에서 연장해봤습니다. 정원 쪽 소파에 앉은 사람이 얼굴 위치(즉, 눈의 위치)를 조금만 움직이면 교점이 연결됩니다. 이는 우연히 알게 된 사실인데, 아마도 이러한 건축적 궁리가 이 집 여기저기에 보석처럼 숨어 있을 겁니다. 하지만 안타깝게도 그 보석이란 게, 하야시 쇼지 선생과 동등한 혜안의 소유자가 아니라면 발견할 수 없는 것들입니다.

'일부러 여기저기 훌륭한 보석을 숨겨놨는데, 그 보석을 아무도 눈치채지 못하고 발견하지 못한다면 재미가 없지 않겠나.'

어쩌면 하야시 선생은 이렇게 생각하는지도 모르겠습니다. 〈신건축〉과 《나의 주거, 주거론》을 통해 그 보석이 어디에 있는지, 그 교묘한 건축적 수법을 밝혀놓았으니 말입니다. 어쩌다 보니 '교묘'라든가 '수법'이라는 범죄 냄새가 나는 말을 써버리고 말았지만, 하야시 쇼지 선생만큼 '확신범(도덕, 종교, 정치적 확신을 동기로 범죄를 저지른 사람. 사상범, 정치범 등이 있다.-옮긴이)이라는 말이 어울리는 사람은 없다'는 생각이 내 속에 있는지도 모르겠습니다. 사실 그도 그럴 것이, 자신의 책에 《건축에 실패하는 방법》(창국사, 1980년), 《하야시 쇼지 독본毒本》(신건축사, 2004년) 같은 제목을 일부러 붙이다니, 확신범 말고 누가 그런 일을 하겠습니까?

그 이야기는 이쯤 해두고, 다시 한 번 보석 이야기로 돌아가봅시다. 집 안을 견학하면서 다시금 감탄한 것은 이 집에 머물기 좋은 '보석 같은 공간'이 잔뜩 있다는 것이었습니다. 앞서 살펴본, 정원을 정면으로 바라보는 거실 소파도 그렇고, 깊은 처마로 덮인 툇마루 쪽 공간도 참으로 기분 좋은 공간입니다. 그리고 1층에서는 뭐니 뭐니 해도, 둥근 테이블이 놓인 서양식 다실 같은 분위기의 공간을 놓쳐서는 안 됩니다. 이곳에는 하야시 선생이 '카우치'라 부르는 벤치가 놓여 있는데, 거기에 앉으면 거실 쪽에서의 시선이 바로 옆의 난로 때문에 적당히 가려집니다. 마치 자신의 보금자리 속에 쏙 들어앉아 있는 것 같은 안도감에 젖게 되지요. 이렇듯 이 공간이 편안하게 느껴지는 건 우연의 산물이 아닙니다. 하야시 선생이 그렇게 되도록 설계했기 때문입니다. 하야시 선생은 자신의 책을 통해 "설계는 내가 앉을 곳을 결정하는 것부터 시작한다"라고 했습니다. 그리고 그 코너를 '주방 겸 식당 겸 서재 겸 난로가 있는 라운지'라 칭하며 '옛 농가의 주인장이 머무는 화롯가 자리를 연상하면 딱 맞을 장소'라고 했지요. 그러니 이 집의 거주자가 될 하야시 쇼지 씨가 이 집의 설계자인 본인 스스로에게 '긴장을 풀고 릴랙스할 수 있는 내가 좋아하는 장소'를 의뢰해 탄생한 공간이라 말해도 좋을 겁니다.

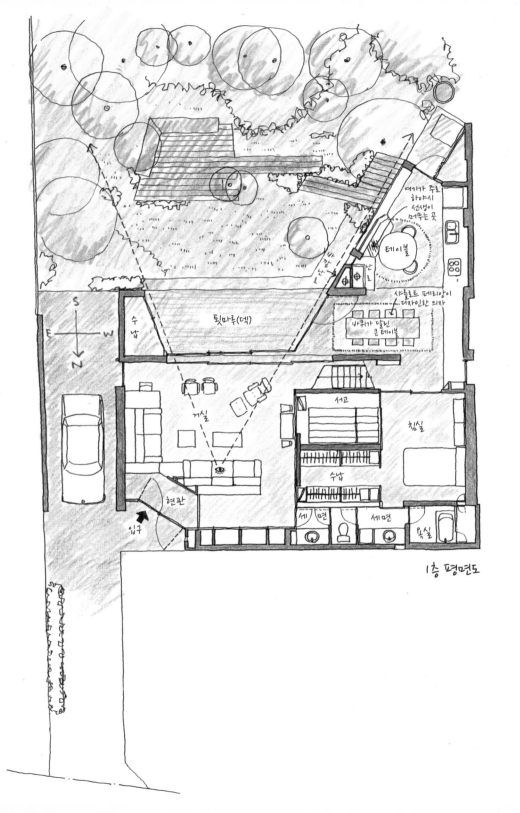

여기가 주로
하야시 선생이
머무는 곳

테이블

샤를로트 페리앙이
디자인한 의자

바퀴가 달린
큰 테이블

S
E — W
N

수납

툇마루(덱)

거실

서고

침실

수납

현관

입구

세면

세면

욕실

1층 평면도

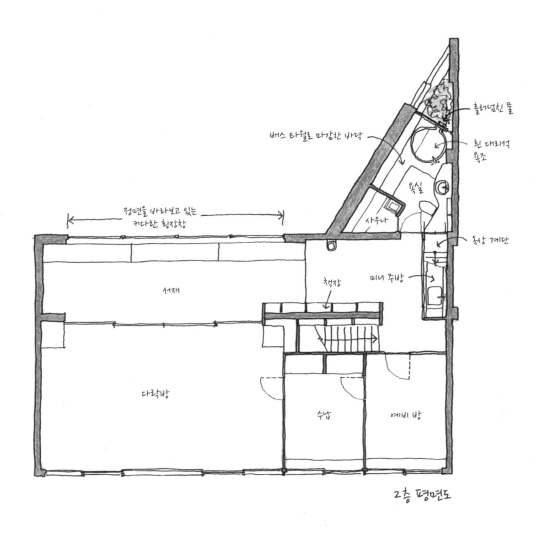

흘러넘친 물

배스 타월로 마감한 바닥

흰 대리석 욕조

정면을 바라보고 있는
커다란 횡장창

욕실

사우나

옥상 계단

책장

미니 주방

서재

다락방

수납

예비 방

2층 평면도

건축 개요

명칭 : 우리들의 집

소재지 : 도쿄 분쿄 구

부지 면적 : 369㎡

건축 면적 : 143㎡

총 바닥 면적 : 238㎡

규모 : 2층, 옥탑 1층

구조 : 철근 콘크리트, 콘크리트 블록 조적

설계 : 하야시 쇼지, 하야시 마사코

왼쪽 : 2층 욕실. 옆문을 열면 사우나실이다. 바닥부터 등받이 부분까지 파란색 배스 타월이 깔려 있다.
오른쪽 : 세면대 두 개가 화장실을 사이에 두고 나란히 놓여 있다. 앞쪽은 손님용, 안쪽은 가족용이다.
이 세 공간을 통과하는 것으로 막힘없이 1층 공간을 한 바퀴 돌 수 있는 평면이 생겨났다.

마찬가지로 2층에도 특별한 공간이 우리를 기다리고 있습니다. 2층에서 놓쳐서는 안 되는 공간은 목욕을 좋아하는 하야시 마사코 씨의 주문으로 만들었다는 사우나와 욕실입니다. 하야시 선생은 세계에서 가장 작은 사우나일 거라고 하셨는데, 그 작은 크기가 이루 말할 수 없는 안락함을 자아냅니다. 그렇게 작은 사우나가 탄생한 것은 하야시 선생의 동물적인 '공간 감각'과 디테일에 대한 철저한 감각 덕분이라는 것은 굳이 말할 필요도 없겠지요. 우리들의 집을 설계할 당시, 하야시 선생은 대규모 오피스 빌딩 설계에 몰두하고 있었습니다. 아마도 그에 대한 반작용으로 작은 공간을 설계하는 데 특별한 애정을 불태운 게 아닐까 싶습니다. 사우나와 욕실의 도면을 그릴 제도판을 눈앞에 두고, "자, 해볼까!"라며 즐겁게 실력을 발휘하는 모습이 눈에 선하네요.

그렇게 완성된 이 작은 공간은 디테일의 보물 창고가 되었습니다. 모든 것이 아귀가 딱 들어맞아, 보기에 따라서는 지나치게 농밀하다고 생각될 정도입니다. 그러나 욕조에서 흘러넘친 물로 창가의 작은 정원에 물을 줄 수 있는 디테일, 바닥 전체에 파란 배스 타월을 깔아 목욕 후 뒹굴어 몸 전체의 물기를 닦을 수 있게 한 유쾌한 아이디어 등, 건축가 세이케 기요시 선생에게 물려받았음이 분명한 유머러스함, 장난기 가득한 여유로움도 있어, 적당히 숨통을 틔워주는 역할을 해줍니다.

더 쓰기 시작하면 끝을 낼 수 없으니 디테일에 대해서는 이 정도로 끝내겠습니다.

４년쯤 전, 하야시 선생이 《내 마음의 건축》(신조사, 2005년)이라는 제 책의 서평을 써주신 적이 있습니다. 분에 넘치게 호의적인 내용이었고 무슨 말을 드려야할지 모를 정도로 감사했습니다. 그중 특히나 기뻤던 것은 "이 책의 훌륭한 점은 건축 공학적인 눈으로 대상을 보는 것이 아니라, 보통의 삶을 사는 사람이 생활을 즐기고자 하는 눈으로 대상을 보고 있다는 점입니다"라는 문장이었습니다. 이번에 우리들의 집 내부를 견학하면서 그 문장이 새삼 떠올랐지요. 그리고 그 문장이 그대로 하야시 쇼지 선생의 자기소개가 될 수 있다는 것을 깨달았습니다. 그 문장에서 자연스럽게, 주택 설계와 씨름하는 모든 건축가를 향한 주옥같은 또 다른 문장이 떠올랐습니다. '하야시 쇼지 독본'에 있는 다음과 같은 문장입니다.

주택을 설계하는 자는 생활의 디테일에 흥미가 있어야만 합니다. 그렇지 않다면 그 어떤 재미도 없을 거라고 봅니다. 생활의 구석구석 자잘한 것들을 말끔하고 다정하게 처리하는 데에 주택의 재미가 있지요. 한 채의 주택 속에는 하나의 세계가 들어 있는 것입니다.

필생의 일로 주택 설계를 선택한 사람으로서, 이 말을 절대로 잊지 말아야겠습니다.

위 : 붉게 칠한 마감재가 산뜻한 2층 다락방 공간. 다락방이라는 말이 어울리지 않을 정도로 넓은 공간이다.
아래 : 다락방에서 한 층 올려 만든 복도식 공간. 길고 널찍한 책상이 있는 서재 공간이다.
정원을 바라보고 있는 기분 좋은 횡장창.

오다 씨의 집을 견학한 것은 포근하게 갠 한겨울이었다.
오다 씨에게 안긴 애견과 함께 찰칵!

숲 속의 외딴집

2002년 홋카이도 가미가와 군

잡목림으로 둘러싸인 언덕 위에 '숲 속의 외딴집'이 있다.
길고 긴 오르막 접근로를 오르면 덴마크 모던 명작 주택을 방불케 하는 건물이 우리를 맞이한다.

가구에 관련한 공개강좌에 초대되어 건축가 미야와키 마유미 씨와 아사히카와旭川에 간 적이 있었습니다. 미야와키 씨가 건강하셨을 때의 이야기이지요.

　　그때 아사히카와에서 이틀 동안 우리를 접대해준 사람은, 디자이너이자 일러스트레이터이며 명품 의자의 세계적인 수집가이기도 한 오다 노리쓰쿠 씨였습니다. 스스로를 '의자 오타쿠'라 인정하는 미야와키 씨와 저의 요청에, 방대한 양의 의자 수집품을 보관한 대형 창고를 구석구석 안내해주기도 했습니다. 어슴푸레한 창고 속, 먼지가 앉지 않도록 하나하나 투명 비닐봉지를 씌워놓은 의자가 몇 단씩이나 늘어서 있는 광경은 정말이지 장관이었습니다. 보이는 건 전부 의자, 의자, 의자, 의자. 마치 의자의 골짜기 속에서 길을 잃은 것 같았지요. 우리는 누가 먼저랄 것도 없이 서로 눈빛을 교환하며 '대단하다!'는 의미로 아무 말 없이 고개를 끄덕거릴 뿐이었습니다. 오다 씨의 의자 컬렉션은 그때 이미 1000개를 넘어선 듯 보였는데, 그 거대한 창고에도 꽉 찰 정도였지요.

　　그날 오후, 당시 오다 씨가 계획 중이던 '의자 박물관'의 부지 예정지도 안내받았습니다. 부지 건너편 차 안에서 박물관 구상에 대한 이야기를 듣기도 했는데, 설계자로는 덴마크의 건축가, 한네 키에르홀름(요절한 천재적인 가구 디자이너 폴 키에르홀름의 미망인)을 생각하고 있다고 했지요. 그 이야기를 들으니 잡목림으로 둘러싸인 눈 사면에 세운 '덴마크 모던' 스타일의 멋진 박물관이 머릿속에 선명하게 떠올랐습니다. 그 느낌을 지금도 똑똑히 기억하고 있지요.

오다 씨에게서 자택을 지을 계획이 있다는 이야기를 들은 건, 몇 년 후였습니다. '계획이 있다'고는 했지만 막연한 계획만 있는 상태는 아니었습니다. 땅도 결정되고 설계도 착착 진행되고 있었으니까요.

"아직 설계하는 도중인데, 건축가이시니 뭔가 조언을 좀 부탁드립니다" 하고 말하며 오다 씨는 정성스레 그린 평면도 스케치를 보여주더군요. 그런데 놀랍게도 그 스케치는 거의 완벽하다고 해도 될 정도였습니다. 제가 조언을 할 만한 수준이 아니었습니다. 각각의 방에 어떤 의자를 어떤 위치에 놓을지, 제대로 된 축척으로 그려져 있었던 데다가 (오다 씨가 의자를 정확하게 그리는 건 누워서 떡 먹기겠지만요) 의자뿐만 아니라, 테이블이나 수납장, 그 수납장 위에 놓을 소품, 벽에 걸 오브제 등 모든 것이 오다 씨의 머릿속에서는 이미 정해진 것으로 보였기 때문에 조언을 끼워넣을 여지가 전혀 없었습니다. 그저 멍하니 아름다운 스케치를 바라보고 있다가, 그것만으로는 부족하다고 여겨 한랭지 건축은 단열이 무엇보다 중요하다는 이야기를 했지요. 그러나 금세 그 이야기가 전혀 무의미하다는 걸 깨달았습니다. 맞장구치는 오다 씨의 말 속에서 그가 건물 단열 방법에 대해서도 꽤 많이 공부했다는 사실을 눈치챌 수 있었기 때문입니다.

생각해보면 당연합니다. 아사히카와는 일본 최저 기온을 기록하는 땅이니까요. 오랜 세월 그런 곳에서 살고 있는 오다 씨에게 온화한 보소반도房総半島 출신인 제가 한랭지 대책에 대해 이야기하다니, 이런 걸 두고 '부처님께 설법하기'라는 거겠지요.

오다 씨의 자택이 완성되고 반년 정도 흘렀을 무렵, 우연히 아사히카와에 갈 일이 있었습니다. 곧바로 그에게 연락해 '숲 속의 외딴집'을 견학할 수 있었습니다. 이전에 본 도면이 어땠는지 확실하게 기억나지는 않았지만, 어떤 의자가 어떤 장소에 놓일지에 대해서는 어슴푸레 기억이 났습니다. 그것이 그대로 눈앞에 실현되고 있다는 데 감동받았지요. 그런 내 기분을 꿰뚫기라도 했는지 마치 고백하는 말투로 오다 씨가 그러더군요.

"제 경우, 일단 의자가 먼저거든요."

그때의 견학에서 인상적이었던 것은 의자는 물론, 커틀러리, 식기, 유리 제품 등 모던 디자인 일용품 수집가라고만 생각했던 그가 조선 시대의 반닫이 등, 고가구 같은 것도 가까이 두고 훌륭히 사용하고 있다는 점이었습니다. 보이드 공간 아래의 코너 벽에는 나무를 파서 만든 5미터 길이의 카누가 장식되어 있기도 했지요. 이런 고가구나 소품을 모던 디자인 소품들과 잘 배치한다면, 훌륭한 대비와 조화 속에서 서로의 매력을 돋보이게 해준다는 것을 확실히 실감할 수 있었습니다. 신중하게 선택한 골동품을 실내 장식의 포인트로 사용하는 것이 오다 씨의 방식이었습니다.

정면 장식장 뒤쪽이 거실 코너이다. 상부가 2층까지 뚫려 있기 때문에 햇살이 모여든다.
앞쪽에 보이는 의자가 한스 베그너의 의자이고 센터 테이블로 쓰는 고가구는 조선 시대의 궤(라고 추정)이다.

수평적인 느낌의 넓은 실내는 가구와 일용품 전시실 같다.
아름다운 물건을 좋아하는 사람이라면 눈이 휘둥그레질 정도로 모든 소장품이 명품 일색이다.

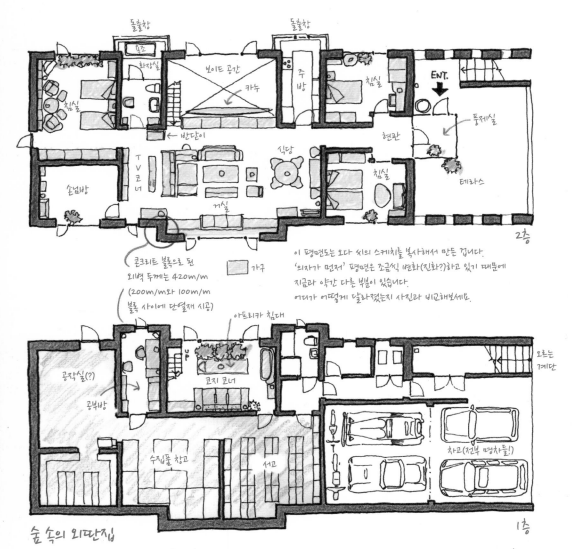

돌출창   돌출창

욕조
화장실
보이드 공간
카누
주방
침실
ENT.
반닫이
통제실
침실
현관
T V 코너
식당
손님방
침실
테라스
거실

2층

콘크리트 블록으로 된
외벽 두께는 420m/m
(200m/m와 100m/m
블록 사이에 단열재 시공)

가구

이 평면도는 오다 씨의 스케치를 복사해서 만든 겁니다.
'의자가 먼저' 평면은 조금씩 변화(진화?)하고 있기 때문에
지금과 약간 다른 부분이 있습니다.
어디가 어떻게 달라졌는지 사진과 비교해보세요.

아프리카 침대
공작실(?)
공부방
코지 코너
수집품 창고
서고
차고(전부 명차들!)

오르는
계단

숲 속의 외딴집

1층

건축 개요

명칭 : 숲 속의 외딴집

소재지 : 홋카이도 가미가와 군

가족 구성 : 부부+자녀 두 명

부지 면적 : 158.40㎡

건축 면적 : 271.36㎡

총 바닥 면적 : 472.72㎡

규모 : 반지하, 지상 2층

구조 : 철근 콘크리트, 콘크리트 블록

설계 : 오다 노리쓰쿠(기본 계획), 호소노 미쓰노리細野満則(실제 계획, IA연구소)

그런 까닭에 오다 씨의 자택을 방문한 것은 이번 취재로 두 번째입니다. 오다 씨의 자택을 방문하게 된다면 눈 풍경이 펼쳐진 겨울이어야 한다고 생각했는데, 취재로 찾은 날은 그 전날까지 눈보라가 몰아쳤다는 것이 믿어지지 않을 만큼 푸르게 갠, 따뜻한 겨울날이었습니다.

오랜만에 만난 오다 씨였지만, 마치 3일 전에 헤어졌다가 다시 만난 듯, 예전과 전혀 다를 바 없이 친근한 태도와 말투로 대해주셨습니다. 이번에 오다 씨 집에 함께 간 멤버는 편집자인 M씨와 사진작가인 A씨, 친구인 고이즈미 마코토 군과 저, 이렇게 넷이었습니다. 처음 만난 사람들끼리 한 차례 인사를 나눈 뒤, 높은 천장에서 햇살이 쏟아지는 1층의 '은둔처' 같은 공간에 자리를 잡고 앉았습니다. 그때 오다 씨가 우리를 향해 제일 처음 한 말은 이랬습니다.

"제 경우, 일단 의자가 먼저거든요."

몇 년 전 그 말을 들었을 때와 표현과 억양이 완전히 똑같았습니다. 자택을 설명하는 데, 이 표현 이상으로 간소하면서도 적확한 말이 없음을 오다 씨 자신도 잘 알고 있는 것이지요.

그 말을 들으니 새삼 떠오르는 사실이 있었습니다. 보통은 거의 이런 설계 방식(발상의 방식이라 말하는 편이 더 나을지도 모르겠네요)을 취하지 않는다는 사실입니다. 건물을 설계하기 위해서는 우선 부지가 필요하고, 지형을 포함한 주변 환경과 법적 제한, 용도별로 필요한 방의 넓이와 개수를 결정해야 하고, 구조 계획과 설비 계획은 물론, 예산에 한계도 있기 때문에 이런 조건을 하나하나 해결하고 포위망을 차례차례 좁혀가면서 공간 구성과 평면이 결정됩니다. "자, 그럼 이 방에 어떤 의자를 둘까?" 하는 말은 정말 마지막에야 나오는 것이 일반적이지요.

의자가 먼저라는 오다 씨의 말을 듣고 제일 먼저 떠올린 건, 《촬영 일기》라는 책 속의 한 구절이었습니다. 만년에 영화감독으로 활약하는 건축가 단게 겐조 씨의 책으로, "캐스팅에 따라 완전히 다른 영화가 완성되고 만다"라는 말이 쓰여 있었지요. 같은 식으로 생각해보면, 오다 씨는 의자라는 개성 넘치는 배우들을 주의 깊게 캐스팅하는 것으로 '오다 씨만의 주택 이야기'를 만들어냈다고 할 수 있을 겁니다.

보이드 공간 아래의 한 코너. 어딘가 은신처 같은 안락한 분위기를 풍긴다.
소파 위쪽으로 보이는 유선형 나무 덩어리가 카누의 바닥 면이다.

블록 벽을 배경으로 한 조선 시대의 반닫이.
그 위에는 스칸디나비아 장난감 병정이 늘어서 있다.

위 : 게스트 룸 고정창의 동물 장식품들. 설원을 대이동 중이다.
아래 : 블록 벽과 목제 섀시 창. 바깥의 설경을 보면 마치 북유럽에 와 있는 것 같다.

'의자가 먼저'라는 설계 방식을 구체적으로 살펴봅시다. 식탁 의자로 폴 키에르홀름의 'PK-9'을 놓겠다고 결정하면서부터 모든 것이 시작됩니다. 스테인리스와 가죽으로 만든 키에르홀름의 의자는 경쾌하고 강인한 인상을 주기 때문에 묵직한 목제 테이블과는 어울리지 않지요. 그러니 아무래도 같은 디자이너가 만든 테이블이 좋겠다는 생각을 하게 됩니다. 벽 쪽에는 좋아하는 소품을 장식할 진열장이 필요할 테고, 추운 지방이니 식당 옆에는 장작 난로도 빼놓을 수 없지요. 아무래도 그 장작 난로 역시 덴마크에서 만든 모던한 상자형 디자인으로 결정하게 될 겁니다. 그 장작 난로를 가운데 두고 건너편을 거실 공간으로 결정하면서 센터 테이블 대신 조선 시대의 궤를 놓고 한스 베그너의 의자 두 개를 놓는 게 좋겠다는 생각을 합니다. 그리고 잡목림이 무성한 경사면을 바라보기에 좋도록 정면 창의 폭과 높이를 신중하게 고려하는 게 좋겠다는 식으로 설계가 진행되었을 겁니다. 이런 식으로 완성된 주택의 소개는 글보다는 사진을 보는 편이 훨씬 더 이해하기 쉬울 겁니다.

"이 집은 어디를 찍어도 다 사진이 되네요."

여기다 싶으면 저기도 좋아서, 살짝 흥분한 사진작가 A씨도 여기저기 장소를 바꿔가며 카메라를 세팅하고 있었으니까요.

가구는 물론, 아름다운 일상용품이 가득 차 있어 실내는 마치 박물관 같은 느낌이었습니다. 그리고 그 공간에 덴마크의 공기, 북유럽의 냄새가 가득 차 있다는 사실을 독자에게 꼭 전하고 싶네요. 매의 눈으로 실내를 돌아보던 우리는 수집품의 질과 수량에 압도되고 말았습니다. 그것을 충분히 즐긴 후 백설로 뒤덮인 외부로 나와 가슴 가득 설경을 담았지요.

설경 속에 서 있는 건물을 바라보면서, 이 건물에 감도는 '그리움'과 '기시감'의 정체는 대체 무엇일까, 생각했습니다. 그리고 돌연 한 가지 사실을 깨닫고 무릎을 쳤지요. 그건 바로 오다 씨의 이야기를 들으며 머릿속에 떠오른 바로 그 건물이었습니다. 잡목림이 무성한 눈 사면에 세운 덴마크 모던풍의 바로 그 멋진 박물관 말입니다.

가죽 소파를 L자형으로 설치한 알코브는 책 읽기에 좋고,
수다를 떨어도 즐겁고, 깜빡 졸기에도 가장 좋은 장소다.
물론 술 한잔하기에도 안성맞춤.

지테이而邸

2008년 도쿄

남측 코너에서 올려다본 외관.
강판 소재의 지붕과 벽이 노출 콘크리트의 음악실을 감싸고 있다.
마치 새끼를 품고 있는 어미 새의 날개 같다.

무라노 도고村野藤吾, 요시무라 준조吉村順三, 시라이 세이치白井晟一. 대학 시절, 제가 특히 관심을 가졌던 일본 건축가 세 명입니다. 그래서 그 3인방이 설계한 전국 각지의 건축을 열심히(좀 과장하면 '이 잡듯 샅샅이') 견학하러 다니곤 했습니다.

당시 그 세 건축가 모두 현역에서 왕성하게 활약하고 있었습니다. 그 때문에 명작이나 걸작이라 일컬어지는 완성작뿐만 아니라 공사 중인 현장을 견학할 기회도 몇 번 있었습니다.

시라이 세이치 선생이 나카노 구中野区 에하라 초江原町에 자택을 짓고 있다는 소문을 듣고 곧바로 찾아가본 것도 그때쯤이었습니다. 후에 '원폭 시대의 방공호'라 불릴 그 '중정 주택'은 당시 지붕 공사가 한창이었고, 동판을 올리고 있었습니다. 그 작업 모습을 질리지도 않고 흥미진진하게 바라보는 제게 일하던 분이 말을 걸어주셨지요. 건축과 학생이고 전국 각지에 있는 시라이 세이치의 건축을 찾아다니고 있다는 이야기를 하니 "그렇다면 내부도 보고 공부하는 게 어때?" 하며 건물 안쪽에 들어가보게 해주신 일도 있었습니다.

"우리 세대엔 다들 시라이 세이치 선생의 영향을 받았을 거야. 이 근방에 있는 시라이 세이치 연구소 같은 데는 그 당시 일종의 '성지'였지. 제자로 받아달라는 지원자가 아침부터 밤까지 문 앞에 무릎을 꿇고 앉아 입문을 희망하기도 했다더군."

견학차 방문한 '지테이'의 소파에 앉아 가벼운 화제를 꺼낼 생각으로 한 질문에 대한 이즈미 씨의 대답이었습니다. "이즈미 씨에게 가장 많은 영향을 준 건축가가 있다면, 아마도 시라이 세이치 씨가 아닐까요?"라는 질문이었지요. 이즈미 씨의 작품을 많이 접해본 것은 아니었지만, 견학한 집합 주택이나 우연히 들른 프렌치 레스토랑, 건축 잡지에서 눈에 띈 작품 사진에서 어딘지 모르게 시라이 세이치의 '냄새'를 맡을 수 있었기에 그런 질문을 했던 것이었습니다. 그러나 그런 저의 '돌직구 질문'을 이즈미 씨는 부드럽게 피해 갔던 것이지요.

지테이를 찾아 시라이 세이치 선생에 대한 이야기를 제일 먼저 꺼낸 건, 순수 목재와 석재, 벽토의 소재와 질감, 건구 디자인 같은 것들에 공을 들여, 그것을 통해 생겨나는 농밀한 공간 분위기를 중시하는, 이른바 '소재파素材派' 건축가들은 쉽게 서로 영향을 주고받지 않을까 생각했기 때문입니다. 게다가 추상적인 '사고방식'에서의 영향이 아니라, 구체적이고 직접적인 '사물'을 통한 영향이니 작품을 통해 보다 뚜렷이 드러나리라고 생각했던 것이지요.

지테이를 방문하기에 앞서 두 가지를 결심했습니다. 그 하나는 바닥, 벽, 천장의 소재와 마감을 지나치게 유심히 보거나 만져보지 말자는 것, 또 하나는 가능하면 재료나 공법에 대한 질문을 하지 말자는 것이었습니다. 잡지에 발표된 지테이를 봤을 때, 왠지 유서 깊을 것 같은 소재나 마감 방식이 아무래도 먼저 눈에 들어와, 내가 이 주택에서 흥미를 가지고 있는 부분을 놓쳐버릴 것 같았기 때문입니다. 예를 들자면 평면이나 공간 구성이 어떻게 되어 있는지, 어떤 부분에 일상 생활에 대한 배려 같은 것이 담겨 있는지에 대한 것들이지요.

그러나 아니나 다를까, 질문하지 말자는 결심도 효과가 없었다고나 할까요. 제가 1층 다다미방의 도코노마(다다미방 한쪽을 한 단 높여 만든 장식 공간. 벽에는 족자를 걸고 바닥에는 화병을 두는 것이 일반적이다.-옮긴이)를 바라보고 있자니 등 뒤에서 이즈미 씨가 다음과 같은 설명을 해주었습니다.

"그 바닥 판은 씨가 떨어져 자란 낙엽송을 켜서 만든 한 장짜리 나무판이야. 통나무로 사서 제재소에서 판으로 켜서 만들었어. 나뭇결이 좋지? 이런 나무판은 이제 구하지도 못해. 그런데 그거 무척 비쌌어."

도면을 보니, 지테이의 부지는 가늘고 긴 오각형입니다. 이즈미 씨는 일단 이 오각형 부지 그대로를 작게 축소한 오각형 모양의 건물을 생각했고, 그다음으로 정원을 확보하기 위해 남쪽의 뾰족한 부분을 잘라낸 형태로 건물을 만들었습니다. 원래 부지가 변형된 오각형이기 때문에 모든 각도가 직각이 아닌 형태의 건물이 되었던 것이지요. 1층은 철근 콘크리트의 벽 구조이기에 별문제 없지만, 2층과 3층(다락방)은 목조이기 때문에 보기만 해도 그 과정이 쉽지 않았을 것 같습니다. 오각형의 철근 콘크리트 구조 위에 사각형의 목조를 얹기만 해서도 가능했을 텐데 말이지요. 왜 일부러 공법과 마감이 어려운, 목조에 어울리지 않는 형태로 한 것일까요? 목조를 잘 알고 있는 이즈미 씨인데 말이지요. 가능한 한 일을 단순하고 쉽게 해치우려는 성격인 저로서는 그 이유를 아무리 생각해도 알 수 없었습니다. 목조를 잘 알고 있기에 '목조라면 어떤 형태라도 만들어낼 수 있다'는 식의 자신만만, 도전 정신이 드러난 것일까요? 예상대로 목조 부분 공사는 난항을 거듭했고 구조 공사에서는 '절단 작업'이 끝난 후 일단 작업장 바닥에서 가조립을 해보며 제대로 짜 맞춰 올려질지 여부를 체크했다고 합니다. 그 사실을 설명하는 이즈미 씨의 말투에서 만족감과 달성감이 느껴졌지요. 그러니 스스로에게 난제를 주고 그것을 해결하는 과정을 통해 자신의 목조건축 기량을 한층 높이고 싶었던 것이 그 의도였다고 봐도 좋을 듯합니다.

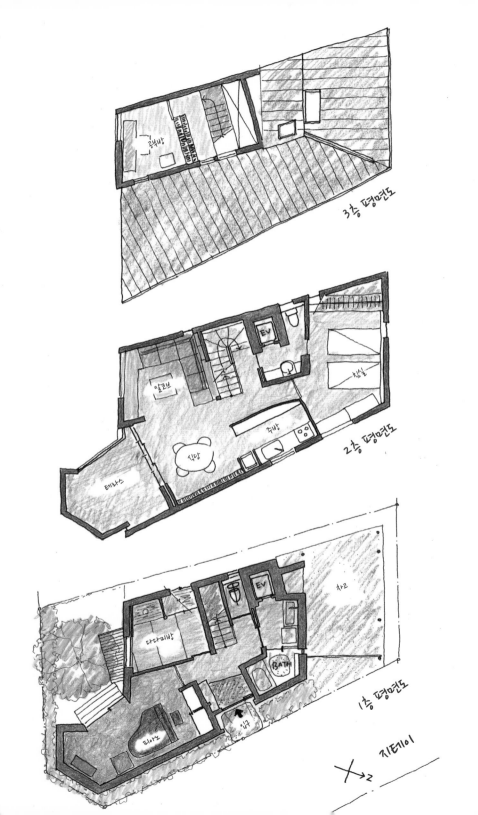

3층 평면도

공부방

2층 평면도

EV

침실

알코브

주방

식당

테라스

1층 평면도

차고

EV

다다미방

BATH

피아노

입구

지테이

× →
Z

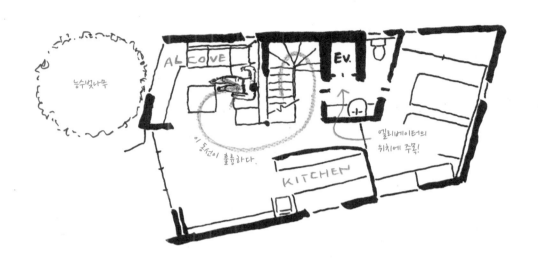

ALCOVE

늘수벗나무

EV.

이 동선이 훌륭하다.

KITCHEN

엘리베이터의 위치에 주목!

건축 개요

명칭 : 지테이而邸

소재지 : 도쿄

가족 구성 : 부부

부지 면적 : 93.31㎡

건축 면적 : 63.95㎡

총 바닥 면적 : 122.99㎡

규모 : 3층

구조 : 철근 콘크리트, 목조

설계 : 이즈미 고스케 건축연구소

1층 현관 옆에 있는 안주인의 음악실.
정면에 조선 시대 제주도에서 만들었다는 멋진 옷장이 보인다.
가구를 좋아하는 내게 깊은 한숨을 몰아쉬게 만든
단정한 디자인과 아름다운 색채가 눈에 띈다.

이 주택은 다양한 소재와 공법이 혼재되어, 그것들이 복잡하게 결합되어 있을 거라고 생각하기 쉽지만 실제로는 대단히 알기 쉽게 구성되어 있습니다. 기본적으로는 부부 둘만의 생활공간이기 때문에 복잡해질 일이 없고, 그 간소함이 이 주택을 안락한 공간으로 만들어주는 것이지요. 1층에 현관, 음악실, 다다미방, 세면과 탈의를 겸한 욕실이 있고, 2층에는 거실과 식당, 주방과 침실이, 3층(다락방)에는 이즈미 씨의 서재가 있는 구조로, 목욕을 제외한 거의 대부분의 일상생활은 2층에서 해결할 수 있도록 되어 있습니다. 그리고 욕실이 1층에 있기 때문에 다가올 노후를 대비해 엘리베이터를 설치했습니다. "아니, 이런 곳에?"라는 말이 나올 정도로 의외의 장소에 엘리베이터가 설치되어 있어 허를 찔린 듯한 기분이 드는 것과 동시에 감탄스럽기도 했습니다. 저도 경험해본 적 있지만, 주택에 엘리베이터를 자연스럽게 설치한다는 건 정말이지 어려운 일이거든요. 이 기계 장치가 주택 내부에 들어오면, 비록 보이는 것이 문뿐이라고 해도 필요 이상으로 눈에 띄는 건 물론, 일종의 이물감 때문에 편안한 집의 분위기를 해치고 마는 경향이 있기 때문입니다. 명칭이야 일단 '홈 엘리베이터'이긴 하지만 말이지요. 그렇기 때문에 가능하면 눈에 띄지 않으면서도 구조상 가장 효율 높은 곳에 설치하려고 하는데, 그런 안성맞춤인 장소를 주택 내부에서 찾기가 도무지 쉽지 않습니다. 이즈미 씨는 1층 엘리베이터를 탈의실 안쪽에 밀어 넣었고 2층에서는 침실과 계단실 사이의 화장실, 세면실 일각에 넣어 (이 장소라면 마음 놓고 발가벗은 채 침실과 탈의실을 오갈 수 있지요!) 이 난제를 훌륭하고 산뜻하게 해결했습니다. 게다가 재미있게도 그곳에 '비밀의 탈출구' 같은 분위기도 생겨났지요.

위 : 3층에 있는 이즈미 씨의 서재.
'명창정궤明窓淨几(밝은 창, 깨끗한 책상이라는 뜻으로 정갈하고 소박하게 꾸민 방을 비유적으로 이르는 말-옮긴이), '정좌正坐'라는 차분한 말이 불현듯 생각나는 방이다.
아래 : 침실. 주방과의 경계 벽을 천장까지 막지 않은 까닭은 공간을 부드럽게 연결하기 위한 것과 함께 요시노 삼나무 들보를 보고 즐기기 위해서다.

계단을 올라 회색 회반죽 벽을 마주한 곳에서 눈에 들어오는 실내 풍경.
왼쪽은 식당, 오른쪽은 알코브 공간이다.
장지문을 투과한 빛이 《음영예찬陰翳礼讃》(다니자키 준이치로谷崎潤一郎의 수필.
전등이 없었던 시절의 미의식에 대한 글이다.-옮긴이)의 분위기를 자아낸다.

엘리베이터 위치도 그렇지만, 이 집에는 또 한 곳, 제 마음을 들썩이게 한 장소가 있습니다. '장소'라고 쓰긴 했지만, 정확히는 '거기에 다다르기 위한 동선'이란 말로 함께 설명해야 그 장소의 매력을 전부 표현할 수 있을 것 같네요. 그곳은 바로 2층 거실 소파가 있는 코너로, 도면에서 보면 이즈미 씨는 이 장소를 거실이라 부르지 않고 '알코브'(서양식 건축에서 벽의 한 부분을 쑥 들어가게 만들어 소파나 침대 등을 설치한 공간-옮긴이)라 불렀습니다. 확실히 거실이라는 말보다는 알코브라는 어감이 보다 잘 어울리는 곳으로, 친밀한 느낌의 공간입니다. 그 알코브 소파로 가기 위한 동선은 이렇습니다. 먼저 현관을 들어서 바로 앞에 있는 계단을 올라갑니다. 계단을 다 올라선 곳에서 빙글 뒤돌아보는 느낌으로 몸의 방향을 바꾼 후, 살짝 손재주를 부린 느낌의 정면 회색 회반죽 벽 쪽으로 가만가만 걸어가며 복도를 지나, 또 한 번 천천히 뒤를 돌면 천장이 낮은 알코브를 만납니다. 그러고는 한 호흡 쉰 후 낙낙한 가죽 소파에 천천히 몸을 묻는 거지요. 이러한 일련의 움직임을 평면도 상에서 재현해보면 '노の' 자를 그리듯 시계 방향으로 돌고 있다는 걸 알게 됩니다. 더구나 그 장면을 다시 한 번 떠올리면, 바깥의 밝은 도로→약간 어스름한 현관→밝은 곳을 찾듯 상승하는 계단→폭과 높이가 제한된 고요한 복도→돌연 시계가 확장되는 높은 천장의 식당→천장이 낮은 알코브, 라는 방식으로 질과 느낌이 다른 공간을 차례로 경유해왔다는 걸 알게 됩니다. 이 작은 여행 끝에 알코브에 도달하면서, 한층 더 공간이 매력적인 장소로 느껴지는 것이지요.

여기까지 쓰고 나니, 제가 무의식적으로 '벽과 천장의 소재, 마감의 느낌을 유심히 본다거나 손으로 그 감촉을 느껴보지 말자'고 결심한 이유를 알게 되었습니다. 이 주택은 바닥, 벽 천장, 그 외 어디를 보더라도, 다들 이름 있고 비싸 보이는 소재와 볼만한 공간으로 둘러싸여 있습니다. 그리고 하나하나의 소재와 공간들이 "나 좀 봐, 나 좀 봐"라고 자신을 가리키며 소리 지르는 듯 보입니다. 그런 목소리를 무시하지 않으면 소재와 공간의 그늘에 숨어 있는 이 주택 본래의 매력과 가치를 발견할 수 없을 지도 모른다는 여섯 번째 감각이 작용했기에 그런 '결심'을 하게 되었는지도 모르겠네요.

이런 걸 쓰면 분명 이즈미 씨가 화를 내겠지, 라는 생각도 들고, 평소부터 입이 건 친구의 잡설이니 봐주겠지, 라는 생각도 드네요. 그런 생각을 하며 정직하게 씁니다. 만약에 월넛 바닥재가 나왕 베니어합판이어도, 요시노 지역의 삼나무로 만든 대단한 들보가 플라스터보드로 마감한 천장 안에 숨어 있다고 해도, 공들인 디자인의 장지 말고 값싼 롤 블라인드가 쳐져 있다고 해도 내 마음속에서 이 주택의 건축적 가치는 전혀 바뀌지 않을 것 같습니다. 아니 바뀌지 않을 뿐만 아니라, 만약 그렇게 되어 있다면 이 집 전체에서 피어오르는 전문적인 건축의 냄새도 깨끗이 사라질 터이니 제 개인적인 입장에서는 하나하나 볼 때마다 놀란다거나 극구 칭찬한다거나 감탄할 필요가 없어지니 보다 더 머물기에 마음 편한 집이 되지 않을까 싶습니다.

사실 지테이를 방문한 것은 짧은 시간 간격을 두고 이번이 두 번째입니다. 첫 번째는 견학이라기보다는 '술자리'였지요. 제가 조금 늦게 도착했는데, 쟁쟁한 건축가들이 알코브에 진을 치고 있었고 그 자리에 다케하라 요시지竹原義二 씨(소재파의 서쪽 1인자)도 계셨기에 다정한 분위기가 한층 더 짙게 감돌았습니다. 여러 가지 담론이 거침없이 터져 나오며 어느 정도 술잔도 충분히 돌았을 때, 잠깐 쉬는 시간을 가지자며 몇 명이 1층 음악실로 내려갔습니다. 취기에 힘입어 지테이의 안주인을 졸라서는 피아노 연주를 들었습니다. 골드베르크 변주곡 중 아리아였지요. 수양벚꽃 정원 옆, 딱 좋은 크기의 고요하고 편안한 음악실, 그리고 그곳에서 연주되던 바흐. 그 음악실이 지테이에서 제가 좋아하는 장소 중 한 곳이 되었다는 이야기는 새삼 말할 필요도 없을 겁니다.

이즈미 씨가 전력을 쏟아 만든 것으로 보이는 다다미방.
벽은 반죽한 점토를 발라 마감했다. 바닥판과 벽장 아래에 있는 나무판은 한 장짜리 낙엽송으로 매우 비쌌다고 한다.

현관홀. 이 계단을 올라서면서부터 알코브로 가는 '여행'이 시작된다.

식당 한편에 설치된 피자 화덕.
복사열을 이용해 굽기 때문에 두 시간 전부터 장작을 때서 화덕 전체를 뜨겁게 해둬야 한다.
불 조절은 물론 피자를 넣고 빼는 타이밍도 수준급인 와타나베 씨.
언제라도 '피자집 아저씨'가 될 수 있을 것 같다.

와타나베 야스오渡辺泰男

노빌라라의 집

1993년 이탈리아 마르케 주 노빌라라

성문. 멀리 아드리아 해변이 보인다. 와타나베 씨 집 침실 창에서도 이 절경을 볼 수 있다.
거리를 감싸고 있는 성벽의 담 높이가 이 절경을 가리지 않는다는 점이 좋았다.

지금부터 정확히 40년 전, 이타미 주조伊丹十三의 《유럽 싫증 일기》(문예춘추사, 1965년)라는 책에서 '이탈리아 편애'라는 말을 처음 접했습니다.

그 말에 이끌리고 자극받아 이탈리아를 여행한 이후, 저 역시 이탈리아를 편애하는 사람이 되고 말았습니다. 마을과 거리의 작은 교회와 수도원을 찾아 걷고, 조토 디 본도네와 시모네 마르티니, 젠틸레 벨리니의 그림을 눈앞에서 감상하고, 이름 높은 대성당과 카를로 스카르파의 건축 공간을 돌아보고, 마음에 드는 바와 레스토랑에서 시간을 보내는 인생의 즐거움을 알게 된 것입니다. 편애가 최고조에 달한 8년 전에는 《이탈리아의 기쁨-아름다움의 순례》(공저, 신조사, 2003년)라는 책을 출판하는 데 힘을 보탤 수 있었습니다.

그런 까닭에, 연재를 시작할 때부터 '언젠가는 이탈리아에 있는 건축가 자택을 취재하리라'는 생각을 가지고 있었습니다. 그리고 가능하다면 신축 건물이 아닌, 오래된 건물을 개·보수한 주택을 찾고 싶었습니다. 건물 복원과 개·보수 방법, 그곳에서 살아가는 모습을 구체적으로 견학해보고 싶었던 것이었지요. 예전에 안젤로 만자로티 건축사무소에서 근무한 적이 있는 친구, 모로즈미 케이諸角敬 씨에게 이런 이야기를 하니, 노빌라라에서 낡은 건물을 개·보수해서 살고 있다는 와타나베 야스오 씨를 곧바로 소개해주었습니다.

운명의 붉은 실 il filo rosso del destino

'탑 길'에서 한 발 안쪽으로 들어오면 오른쪽 구석에 건물의 서쪽 외부가 반겨준다.
가장 위가 서재 창, 그 밑이 거실 창이다. 높게 솟은 굴뚝은 난로와 피자 화덕용 굴뚝이다.

3월 중순으로 예정된 견학은 도호쿠 지방을 강타한 대지진과 쓰나미, 원자력 발전소 사고에 타격을 입어 5월로 연기되었습니다. 하지만 계절적인 면에서 보면 연기된 것이 더 좋았던 듯합니다. 견학 당일인 5월 8일은 구름 한 점 없는 화창한 날이었습니다. 베네치아에서 아드리아 해안에 있는 페사로까지는 기차로 세 시간 정도 소요되는데, 차창 밖으로 흘러가는 아름다운 신록 풍경을 바라보는 동안, 도호쿠 지방의 대재해와 원자력 발전소의 참상에 우울했던 기분이 위로받고 치유되는 것을 느낄 수 있었지요.

노빌라라라는 언덕 위의 도시에 와타나베 야스오 씨의 집이 있습니다. 가장 가까운 역인 페사로에서 자동차로 15분 정도 걸리는 곳입니다. 와타나베 씨가 자동차로 우리를 데리러 와주셨지요. 와타나베 씨는 옹골차고 야무진 풍모에 차분한 분위기의 소유자로, 시대극에서라면 화려한 복장의 고위급 무사 역보다는, 방랑하는 무사나 호위무사 역이 더 잘 어울릴 것 같다는 게 제가 받은 첫인상이었습니다.

노빌라라를 '언덕 위의 도시'라 쓰긴 했지만, 도시 전체의 크기는 물론 형태가 육상 경기장처럼 생겼습니다. 집락 전체가 성벽에 의해 높게 돋우어져 있고, 타원형 통을 거꾸로 엎어놓은 것 같은 모양이라 쓰는 편이 이해하기 더 좋을지 모르겠네요(286쪽 일러스트 조감도를 참고 하세요). 성벽은 높은 곳이 8~10미터 정도이며 그 성벽 한 곳에 멋진 성문이 있습니다. 예전에는 도개교(배가 통과할 수 있도록 한쪽 또는 양쪽 끝이 들리게 된 구조의 다리-옮긴이)가 설치되어 있던 그 성문 밑을 지나야만 마을로 들어올 수 있었다고 합니다. 도개교를 올리면 마을 전체를 외부와 차단해 요새처럼 만드는 구조였던 것이지요.

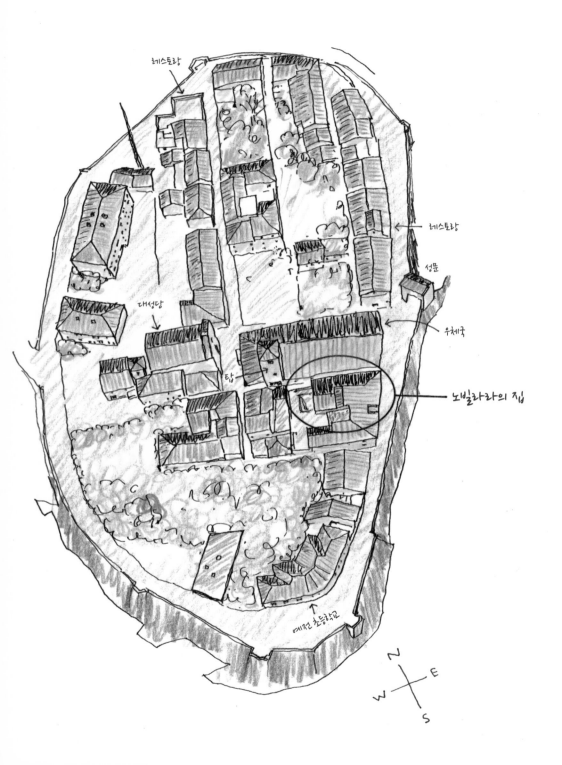

레스토랑

레스토랑

성문

우체국

대성당

탑

노빌라라의 집

예전 초등학교

N
E
W
S

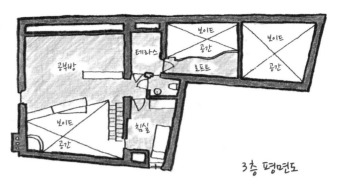

Domus NUBILARIUM
노빌라라의 집

공부방
테라스
보이드 공간
보이드 공간
로프트
보이드 공간
침실

3층 평면도

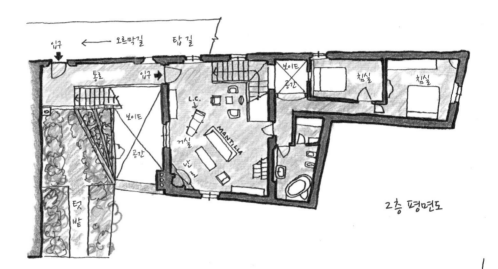

입구 ← 오르막길 탑 길

통로
입구 →
보이드 공간
L.C.
MANTILLA
거실
보이드 공간
침실
침실

텃밭

2층 평면도

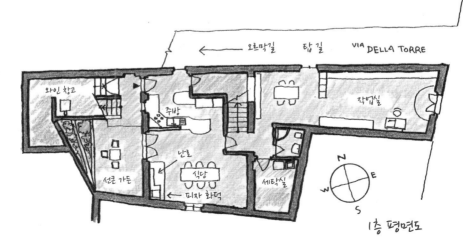

← 오르막길 탑 길 VIA DELLA TORRE

와인 창고
주방
작업실
학교 길

선큰 가든
난로
식당
세탁실
피자 화덕

N
W E
S

1층 평면도

출입구에서 선큰 가든을 내려다본 풍경. 둘러싸인 공간은 '집 밖의 거실'로 활용하고 있다.

와타나베 씨의 집은 성벽 외부를 감싼 도로에 접해 있습니다. 이 도로의 한 바퀴 길이가 약 100미터라고 하니 그야말로 육상 경기장 같은 느낌입니다. 와타나베 씨 집 바로 근처에 성문이 있고, 도로 쪽으로 작업실 출입문이 나 있습니다. 살림집 입구는 도로 쪽이 아니라, 건물 오른쪽을 빠져나가는 '탑 길' 쪽에 있는데, 탑 길이 오르막이기 때문에 살림집 입구에 다다르기 위해서는 거의 1층 높이를 올라가야 합니다. 즉, 살림집에는 2층에서 출입하게 되어 있는 것이지요. 탑 길 쪽에 접한 문은 일종의 '대문'으로, 이 문으로 일단 정원 쪽으로 들어간 후, 오른쪽으로 '선큰 가든sunken garden'(주위보다 한층 낮게 만든 정원-옮긴이)을 내려다보면서 내려가면 거기가 바로 살림집으로 들어가는 입구입니다.

자, 그럼 이제 와타나베 씨 일가가 이 건물에 살게 된 경위와 개·보수 공사의 내용을 간단하게 설명하고 넘어가겠습니다.

20년 전, 와타나베 씨는 친구의 별장에 초대되어 이 마을을 방문했습니다. 그리고 그때 이 마을 분위기와 아드리아 해를 바라보는 멋진 풍경에 매료되고 맙니다. 그 후 우연히 이 마을 히스토릭 센터에서 이 건물이 매물로 나왔다는 것을 알게 된 후 사야겠다고 생각했습니다. 매물로 나온 집이긴 했지만 600년도 더된 건물이었기 때문에 건물이 상당히 손상되었고 당연히 당초부터 대대적인 개·보수를 전제로 한 결단이었습니다. 이 집이 잡지에 발표되었을 때, 당시의 사정을 간략하게 설명한 것이 있기에 그 문장을 인용해볼까 합니다.

내 작업실을 이탈리아로 옮긴 후, 늘 가지고 있던 꿈은 신축이 아닌, 옛집을 내 손으로 보수하고 개조해서 살고 싶다는 것이었다. 주변의 역사적 환경을 고려하면서도 정해진 형태와 크기, 엄격한 법적 규제 속에서 해결책을 마련하는 과정은 굉장히 성가셨지만 새로운 장소에 새로운 건물을 계획하는 경우와는 또 다른, 건축가로서의 진정한 보람을 느낄 수 있었다. (〈주택특집〉 1994년 4월 호)

건축 개요

명칭 : 노빌라라의 집

소재지 : 이탈리아 마르케 주 노빌라라

가족 구성 : 부부

부지 면적 : 183.67㎡

건축 면적 : 132.33㎡

총 바닥 면적 : 283.53㎡

규모 : 3층

구조 : 철근 콘크리트

설계 : 와타나베 야스오+인텔 스튜디오

왼쪽 : 이 작업실 입구문과 2층 침실 창은 1600년대 초반 회화에도 등장한 것들이라 한다.
오른쪽 : '개구부를 막을 경우, 그곳에 개구부가 있었던 흔적을 남겨
언제고 본래의 상태로 복원 가능하게 해야 한다'는 것이 이탈리아의 건축 개·보수 규칙이자 방식이다.

그런 생각을 하며 꿈꿔온 와타나베 씨. 그런 그가 이 마을, 그리고 그 건물을 만날 수 있었던 것이니 '만나야 할 것들이 서로 만났다'고 할 수 있을 겁니다. 그 이야기를 듣는데 가슴속에서 문득, 와타나베 씨의 새끼손가락과 600년 된 이 낡은 집이 붉은색 실로 연결되어 있는 모습이 떠올라 빙긋 미소를 짓고 말았습니다.

　　하지만 건물과 땅을 손에 넣는 이야기가 착착 진행되었냐고 한다면, 꼭 그렇지만은 않았습니다. 원래 이 마을은 에트루리아 문명 시대까지 거슬러 올라갈 정도로 역사가 깊은 마을이고, 건물 역시 1600년대 초 회화에 등장할 정도로 유서 깊은 것이었습니다. 땅과 건물의 매입 수속을 하려고 보니 상속인(땅에 대한 권리를 가지고 있는 사람)이 32명이나 있다는 것을 알게 되었고, 추적 조사와 교섭에 3년 가까운 시간을 써야만 했습니다. 그렇게 겨우 땅과 건물을 손에 넣고 보니 이제는 개·보수 공사라는 또 다른 큰일이 와타나베 씨를 기다리고 있었던 거지요. 이탈리아에서는 역사적 건축물을 개·보수하는 데 엄격한 법적 규제가 따르기 때문에 그것을 완료하는 데 엄청난 시간과 노력이 필요합니다. 개·보수의 법적 규제는 대략 다음과 같습니다.

1. 현재 상태의 지붕 형태를 바꿔서는 안 된다.
2. 바닥 면적, 공간의 크기가 현재 상태를 넘어서는 안 된다.
3. 역사적 건축물의 유형을 남겨야 한다는 의미에서
　　내부의 기초 구조 벽, 계단의 위치를 바꿔서는 안 된다.
4. 현재 상태의 개구부 위치, 형태, 크기, 목질을 바꿔서는 안 된다.
　　만약 현재 상태의 개구부를 막아야 할 때는, 거기에 개구부가
　　있었다는 것을 알 수 있도록 개구부의 흔적을 남겨야 한다.

왼쪽 : 계단실을 내려다본 풍경. 계단의 위치와 계단 오른쪽 벽도 원래 모습 그대로이다.
이 벽을 다루는 방식에 따라 평면 구성이 결정되었다.
오른쪽 : 저녁 준비를 마친 식탁.
피자 화덕도 뜨거워졌으니 이제는 손님을 불러 피자를 넣기만 하면 된다. 폭풍 전의 고요함(?).

와타나베 시는 이 모든 조건을 하나하나 해결해가며, 역사적 건축물 개·보수의 견본이 될 만한 본인의 자택을 1993년 1월 완성했습니다. 그가 '이 건물을 개·보수해 내 집으로 만들자'고 결심한 때로부터 5년의 세월이 흐른 후의 일이었지요.

노빌라라의 집을 살펴보기에 앞서, 예비 지식적인 면에서 독자에게 전해줄 것이 많아 지면을 많이 쓰고 말았네요. 여기부터는 빠른 속도로 내부를 살펴보기로 합니다.

앞서 '선큰 가든'에 대해 잠시 언급했는데, 원래는 공지였던 곳으로 1층 바닥 정도까지 대량의 흙을 파 내려가 만든 공간입니다. 그 덕분에 원래는 지하실이었고 차고 정도로밖에는 쓸 수 없었던 어둡고 습한 장소가 해가 잘 드는 기분 좋은 식당으로 변신할 수 있었습니다. 이번에 하루 반나절 정도 노빌라라의 집에 머물면서 깨어 있는 시간 대부분을 이 식당에서 보냈습니다. 포근하게 감싼 듯한 선큰 가든 특유의 안도감으로 외부와 내부를 의식하지 않고 시간을 보낼 수 있는 곳이었지요. 그리고 그 식당에서 특별히 언급하고 싶은 것은, 그 공간의 중심이 되며 안락함의 결정적 요인이 되는 난로와 피자 화덕입니다. 이 식당에는 서양식 다실풍의 다정한 분위기가 감도는데, 그런 느낌을 농후하게 내뿜는 것이 난로와 피자 화덕, 그리고 어딘지 모르게 인품에서 넉넉한 포용력과 따뜻함을 느끼게 하는 안주인입니다. 그날 저녁의 메인 요리는 화덕에서 구워낸 와타나베 씨 집 특제 피자로, 황혼 녘부터 화덕에 불을 지피기 시작하는 와타나베 씨와 주방에서 부지런히 피자 만들 준비를 하고 있는 안주인의 모습을 보고 있는 것만으로도 '맛있는 취재'라는 말과 '취재의 덤으로 맛있는 요리'라는 말이 교대로 머릿속에서 춤을 추었지요. 말할 필요도 없이, 바로 구워 쫄깃한 피자의 맛은 환상적이었고, 함께 마신 모데나산 람브루스코Rambrusco(스파클링 레드 와인)와 손을 잡고 위장에서 춤을 추기 시작했습니다.

아이고 이런, 이제 더 이상 쓸 지면이 없군요. 2층 거실에 대해서는 외관에서는 상상할 수 없을 정도로 널찍하고 다이내믹한 공간이 우리를 기다리고 있다는 것, 그리고 그 거실 바닥에 기존 건물에 쓰였던 수백 년 전의 오래된 벽돌이 깔려 있는데, 공들여 손질해 그것들을 훌륭하게 '재생'시켰으며 그림처럼 아름다운 색채와 느낌에 눈이 휘둥그레졌다는 점, 또 욕실에는 신중하게 고른 모던 디자인의 거품 욕조와 세면기, 변기 등이 설치되어 있었으며, 천창을 통해 들어오는 부드러운 자연광으로 어딘가 은신처에 몸을 숨기고 있는 듯 아늑한 분위기를 자아낸다는 점을 간략하게 언급하고자 합니다. 미처 다 쓰지 못한 발견과 감상에 대해서는 다음 기회에.

위 : 아, 아쉽다. 이 욕조와 세면대, 변기(아쉽게도 사진은 못 찍었지만)가
이낙스 제품이었다면 이대로 디자인 콘테스트에 응모할 수 있었을 텐데.
아래 : 서제로 오르는 계단 중간에서 거실을 내려다본 풍경.
소파와 낮은 테이블은 다카하마 가즈히데高浜和秀 씨의 디자인, 암체어는 마르센 브로이어,
검은 고양이 한 마리가 차지하고 있는 낮잠 의자는 말하지 않아도 될 만큼 유명한 르 코르뷔지에의 '셰즈 롱그'.
이런 가구들의 라인업을 보기만 해도 이 집이 건축가의 집이라는 것을 알아차릴 수 있다.
난로 바로 아래층 위치에 식당의 피자 화덕이 있다.

차분한 분위기의 인사이드 테라스에서 이야기를 나누고 있는 나가야마 씨와 나.
나가야마 씨 등 뒤에 있는 구조물은 콘크리트 프레임 사이에 끼워 넣은 통풍용 루버다.

나가야마 모리타카永山盛孝

N하우스

1995년 오키나와 현 나하 시

오키나와에 '데케'라는 말이 있다는 것을 오키나와 출신 건축가를 통해 알게 되었습니다. 영어로는 '어바웃about' 정도의 느낌일까요. 예를 들어 "그 녀석은 데케라서 말이야"라고 하면, '일을 대강대강 한다, 철저하지 못하다'라는 의미가 되고, 원래 좋은 의미로는 쓰지 않는 말이라고 합니다. 그리고 이런 말이 일상적으로 쓰이는 까닭은 오키나와에 착실하고 꼼꼼한 사람보다는 '데케'스러운 사람이 많기 때문이라는 설명도 해주더군요. 그러나 또 한편으로는 '너그럽다', '치우치지 않다', '왠지 모르게'라는 의미도 있어, '고지식하다'라는 말과 반대말의 뉘앙스를 지닌 긍정적인 의미도 있다고 합니다.

친구의 말을 듣고 난 후, '오키나와 사람=데케'라는 단편적인 도식(인식)이 어느 순간 머릿속에 자리 잡고 말았습니다. 그러나 그 도식은 어느 건축가의 자택을 방문하고 난 후 순식간에 산산조각 나고 말았지요. 그렇습니다. 그곳이 바로 이번에 방문할 'N하우스'입니다. 그 집을 설계한 이는 오키나와 출신 건축가 나가야마 모리타카 씨입니다.

올해(2008년) 3월, 오키나와 건축가협회에 초대되어 우라소에 시浦添市에서 주택 관련 강연회를 할 기회가 있었습니다. 그때 견학했던 건축가 자택 중 하나가 N하우스였지요. 가볍게 들르기만 한 견학이었기 때문에 머문 시간은 그리 오래되지 않았지만 그 집에서 나가야마 부부와 나눈 대화, 거기서 보고 느끼고 생각한 것들은 나중에까지 오래도록 인상에 남았습니다.

위 : 도로 쪽 외관. 언뜻 보면 무뚝뚝한 듯 느껴진다. 백색 패널이 침실의 돌출창이다. 유리를 끼운 아주 작은 원형 창이 이 돌출창의 악센트 역할을 한다.
아래 : 옥상 테라스. 단열 효과를 높이기 위해 볏과 식물인 띠를 심었다.

침실의 돌출창. 도로 쪽에서의 시선을 가려주면서 충분한 채광을 확보한다.

처음에 썼듯, '오키나와 사람=데케'라는 인식이 나가야마 씨를 만나고 난 후 완전히 깨져버렸다는 것을 제일 먼저 밝혀두고자 합니다. 현관문을 여니 문 앞에 나가야마 씨가 서 계셨습니다. 다림질이 잘된 새하얀 셔츠를 입고 있었고 단추는 목까지 단정하게 잠근 채였지요. 접근로와 현관 주변의 치밀한 디자인을 곁눈질로 관찰하면서 첫인사를 나눈 것만으로도 나가야마 씨가 대단히 꼼꼼한 건축가이며 데케와는 성격이 정반대인 인물이라는 것을 명확히 알 수 있었습니다. 여담입니다만, 아내분의 이야기에 따르면 나가야마 씨는 잠을 잘 때도 파자마 단추를 목 언저리까지 다 잠그고 위를 보고 똑바로 누워서는 양팔까지 모두 이불에 잘 감싸고 잔다고 합니다. 엉겁결에 "미라 같네요"라며, 처음 만난 분께 하기에는 실례의 말을 해버리는 바람에 나가야마 씨 부부의 빈축을 사고 말았지요.

건축 작품은 그것을 설계한 건축가의 사상과 건축에 대한 자세는 물론, 그 건축가의 성격, 됨됨이가 대단히 많이 반영됩니다. 하물며 그것이 자택이라면 보다 더 현저하고 생생하게 드러나게 되지요.

건물 내부에 들어가 2층의 넓은 거실과 식당을 둘러보면서 그 사실을 좀 더 확실히 느낄 수 있었습니다. 눈에는 보이지 않았지만, 정연한 질서와 근엄한 기운이 실내 구석구석까지 지배하고 있었으니까요.

중앙의 검게 윤이 나는 크고 긴 테이블, 그 테이블을 사이에 두고 검은 가죽으로 된 식탁 의자가 단정하게 서로 바라보는 모습은 식당이라기보다 일류 기업의 회의실 같은 느낌을 주었습니다. 술꾼인 저는 "이런 식탁에서 칠칠치 못하게 취해서는 안 돼!"라고 스스로 엄하게 마음을 먹었지요. 테이블과 식탁 의자는 물론, 벽에 설치된 스피커에 이르기까지, 막다른 벽에 설치된 선반을 중심으로 1센티미터도 흐트러지지 않고 좌우대칭으로 배치된 탓에 어딘가 제단 같은 분위기도 풍겼습니다.

2층 식당을 거실 쪽에서 바라본 풍경.
이 거실과 식당은 오른쪽의 테라스와 왼쪽 창밖의 반외부 공간 사이에 끼어 있다.
테라스와 왼쪽 창밖은 상층부까지 시원스레 개방되었고
햇볕을 가릴 목적의 차양 패널이 공간 전면에 설치되어 있다.

1층의 코트 야드. 심플하면서도 기분 좋은 공간.
빛의 각도가 높은 여름에는 천장 발판을 투과한 햇볕이 아름다운 줄무늬를 그려낸다고 한다.

실내에서 받은 첫인상은 정연, 질서, 근엄, 좌우대칭이었습니다. 그러나 이 주택의 특징은 그 뿐만이 아닙니다. 거실, 식당의 남측으로 반외부적인 느낌의 테라스가 펼쳐져 있고, 북쪽 창밖 역시 반외부적인 느낌으로 천장을 높게 만들어 상부를 차양遮陽 루버로 덮은 공간이 마련되어 있습니다. 이런 평면과 공간 구성이야말로 이 주택의 가장 중요한 테마이며, 나가야마 씨 건축의 진면목일 것입니다.

이 주택은 먼저 부지 전체를 콘크리트 프레임으로 에워싼 후, 방의 용도에 맞게 내부의 면적과 용적을 나누어가는 방식으로 만들어졌습니다. 이 주택 안을 걷다 보면, 둘러싸인 공간 대부분이 외부 공간이라는 것을 깨닫습니다. 게다가 옥내 공간과 옥외 공간이 절묘한 호흡으로 서로 밀접한 관계를 맺고, 공간의 변화와 빛과 그림자가 만드는 뛰어난 효과를 냅니다. 몹시 더운 날의 햇볕도 그렇고, 태풍 때의 폭풍우도 그렇고, 오키나와의 자연환경은 실로 대단합니다. 그 강한 자연의 힘을 건축적으로 교묘히 제어해 내부로 끌어들이는 모습은 단면도를 통해 명확하게 드러납니다. 앞에서 살펴본 거실, 식당 공간은 높은 천장, 드라이 에어리어dry area(채광, 환기, 방습을 위해 지하의 외벽을 따라 판 마른 도랑-옮긴이) 주차 공간, 코트 야드court yard, 테라스 등 외부 공간으로 커다란 U자 형태로 들어 올라가 있어, 허공에 떠 있는 형태로 되어 있습니다(307쪽 단면도 참조).

옥외 공간이란 당연히 해가 내리쬐고 비가 쏟아지고 바람이 지나가기 마련이지만, 보이드 공간 윗지붕을 넓게 뒤덮은 차양용 루버와 빛은 통과시키고 빗물은 막아주는 유리로 된 차양을 통해 거칠게 날뛰는 자연을 온화하게 길들이고 있었습니다. 오키나와의 기후와 풍토 속, 엄혹한 자연을 포섭하고 타협해 그것을 적극적으로 주택 내부에 끌어들여 공존하기를 꾀했다는 것이 N하우스의 장점이며 최대의 매력입니다.

언뜻 보기에 오키나와 주택처럼 보이지 않는 N하우스이지만, 실제로는 오키나와 전통 주택에서 꽤 많은 영향을 받았다고 합니다. 외부에 대해 폐쇄적으로 보이나 일단 안으로 들어가면 격식을 차리지 않는 털털한 모습이라든가, 여러 동선으로 연결되어 상황에 따라 자유롭게 동선을 선택할 수 있게 한 것 등은 전통적인 민가인 '나카무라 주택'에서 배웠다고 합니다.

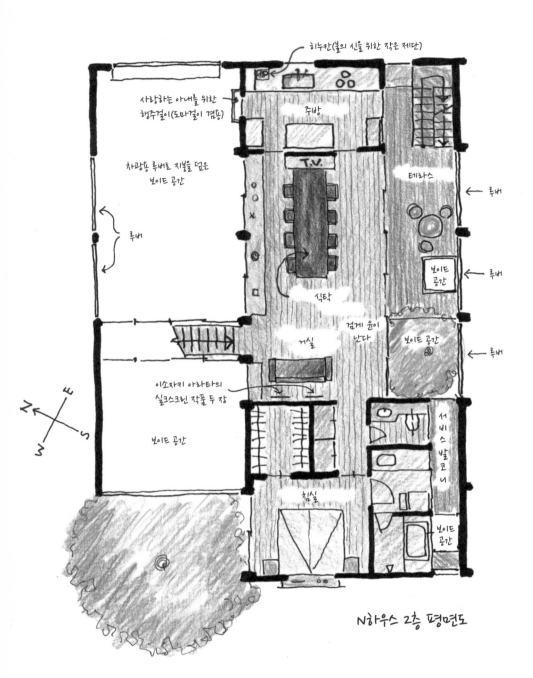

히누칸(불의 신을 위한 작은 제단)

사랑하는 아내를 위한
행주걸이(도마걸이 겸용)

주방

차광용 루버로 지붕을 덮은
보이드 공간

T.V.

테라스

← 루버

루버

보이드
공간

← 루버

식탁

걸게 윤이
난다

보이드 공간

← 루버

거실

이소자키 아라타의
실크스크린 작품 두 장

서
비
스
발
코
니

보이드 공간

침실

보이드
공간

N
E
S
W

N하우스 2층 평면도

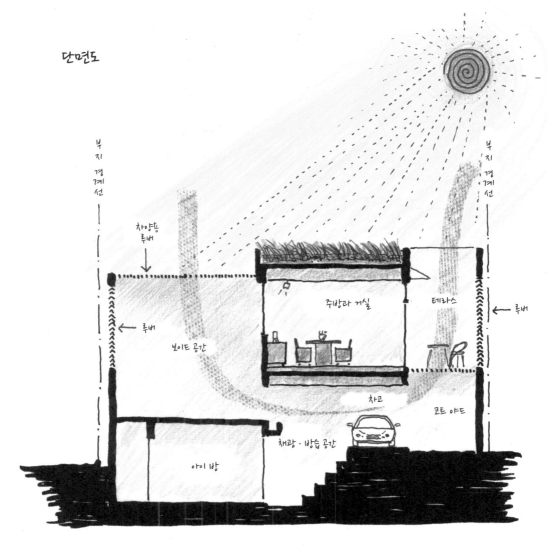

단면도

부지 경계선

차양동 루버

루버

보이드 공간

주방과 거실

테라스

루버

부지 경계선

아이 방

채광 · 방습 공간

차고

코트 야드

건축 개요

명칭 : N하우스

소재지 : 오키나와 현 나하 시

가족 구성 : 부부+자녀 세 명

부지 면적 : 219.09㎡

건축 면적 : 102.90㎡

총 바닥 면적 : 204.27㎡

규모 : 지하 1층, 지상2층

구조 : 철근 콘크리트

설계 : 도 설계공방

'언뜻 보기에 오키나와 주택 같은 느낌'을 만드는 요소라고 한다면, '히푼', '아마하지雨端'(처마 끝에 덧대어 만든 오키나와 특유의 차양-옮긴이), '붉은 기와', '시사シーサー'(오키나와 지방 주택의 지붕이나 문 위에서 흔히 볼 수 있는 토우. 귀신을 쫓는다는 의미가 있다-옮긴이), '회를 칠한 벽', '돌담', '복나무福木' 같은 것들을 말할 수 있는데, 이러한 '오키나와 특유의 소재와 상투적 수단에 의존하지 않고 오키나와 건축의 매력을 뽑아내고 싶었던' 그의 기분을 절절히 이해합니다. 오키나와에서 건축 일을 했다면 아마 저도 그와 다르지 않았을 것 같으니까요.

나가야마 씨가 설계 노트를 보여주셨습니다. 전통적인 오키나와의 건축 용어가 낱낱의 항목으로 나누어져 있었고 그 첫머리마다 ◎(사용한다), ○(부소재로 표현한다. 연구할 것), ×(사용하지 않는다) 표식이 붙어 있었지요. 앞서 언급한 히푼, 아마하지, 붉은 기와, 시사, 회벽, 돌담은 멋지게 낙선, 전부 ×가 붙어 있었습니다. 그리고 아랫단에는 빨간 펜으로 진하게 그린 상자 안에 '새로운 오키나와의 형태를 만들어낸다'라는, 선언과도 같은 메모가 쓰여 있었습니다.

나가야마 씨는 누구든 손쉽게 차용하는 오키나와의 건축 언어에 기대어 설계함으로써 유형적이고 판에 박은 방식의 오키나와 건축이 되는 것을 피하고 싶었습니다. 오키나와 건축 공간의 특수성에 근접한, 나가야마 모리타카만의 독자적인 오키나와 스타일 주택을 제안하고 싶었던 것이지요.

"'직유'가 아닌 '은유'로 가보자!"

건축가 이소자키 아라타磯崎新 씨에게서도 커다란 영향을 받았다고 하는 나가야마 씨이니 이소자키 씨의 말투를 빌려 그렇게 생각한 것은 아니었을까요?

아무튼 저는 그 설계 메모 속에서 나가야마 씨가 이 주택에 쏟아부은 엄청난 의욕과 일종의 반골 정신을 느낄 수 있었고, 속으로 남몰래 박수를 보냈지요.

취재와 촬영을 위해 두 번째로 N하우스를 방문한 날, 넉살 좋게도 아내 분의 요리를 점심, 저녁 연속으로 대접받았습니다. 일단 이야기를 나누기 시작하다 보니 화제가 건축에만 한정되지 않고 여기저기 끊이지 않고 이어졌지요. 결국 오래 신세를 지고 말았습니다. 그중에서도 특히 영화 이야기로 분위기가 무르익었습니다. 저도 그렇긴 하지만, 나가야마 씨 역시 영화의 세세한 부분을 음미하는 사람이었습니다. 구로자와 아키라의 영화 이야기로 화제가 흘러가자, 〈천국과 지옥〉에서 야마자키 쓰토무가 범죄 현장을 확인하러 가는 장면 중 파고라를 투과해 나온 줄무늬 빛이 발휘하는 영상 효과와 〈7인의 사무라이〉에서 마을 사람들이 줄을 지어 마을 장로에게 상의하러 가는 장면의 성스러운 광선에 대해서 등, '영화에서 자연광이 얼마나 효과적이며 매력적인가'에 대한 뜨거운 대화를 나누었지요.

그러던 중, N하우스를 견학할 때 나와 함께였던 무언의 통주저음通奏低音(2성부 이상의 오케스트라에서 상성부를 받쳐주는 저음부—옮긴이)이 '자연광'이었다는 것을 돌연 깨닫고 무릎을 칠 수밖에 없었습니다. '빛이 테마다Light is the Theme'라는 루이스 칸의 명언이 유성처럼 머릿속을 스쳐 지나갔지요.

왼쪽 : 키친 카운터 한쪽에는 히누칸(불의 신을 위한 작은 제단)이 모셔져 있다.
오른쪽 : 점심 메뉴. 오키나와 채소를 듬뿍 넣은 된장국과 고야를 비롯한 각종 절임 반찬. 맛있었다!

식사를 하거나 술을 마시거나 일을 하거나 뭐든 가능한 대형 테이블.
이동 가능한 작은 서랍이 달려 있어 편리하다.
활용도 높은 이 테이블도 인테리어 디자이너 구와야마 히데야스桑山秀康의 디자인이다.

기노시타 요코木下庸子

분거分居

분거-A : 2002년 시즈오카 현 아타미 시
분거-N : 2008년 도쿄 미나토 구

아타미의 분거.
장지를 열어젖히면 바다와 하늘의 풍경의 눈 속으로 달려든다.
누구라도 "아!" 하고 탄성을 내지를 수밖에 없는 극적인 순간.
장지문을 여는 것은 일종의 드라마틱한 연출이며 최고의 손님 접대 메뉴다.

저는 태어날 때부터 방랑벽이 있어, 마음에 드는 곳이 있으면 거기서 살아 보고 싶어지는 성격입니다. 사실, 도쿄에 있는 집 말고도 아사마 산浅間山 기슭에는 오두막이, 오이소大磯에는 아파트가, 지바千葉 시골에는 친구와 공동으로 소유한 작은 주택이 있습니다. 그래서 저희 부부는 그 네 곳을 돌며 생활하고 있지요.

주택 설계를 생업으로 삼은 사람이 부평초浮萍草처럼 생활하는 걸 보고 '왜 그럴까?'라며 눈살을 찌푸리는 분도 있는 것 같아 지금까지는 이런 이야기를 피해왔습니다. 하지만 오랜 세월 같은 대학에서 설계를 가르치던 건축가 친구, 기노시타 요코 씨가 어느 잡지의 대담에서 '분거分居'라는 개념에 대해 이야기했고, 그것이 '방랑벽의 주거 방식'을 옹호(라기보다는 추천하고 장려한다는 것이 더 적절할지도 모르겠네요)하는 내용이었기 때문에 이번에는 그 기사를 소개하면서 견학기를 시작해보려 합니다.

기노시타 : 이전, 가루이자와軽井沢에서 주택을 설계할 때, '분거'라는 개념에 대해 생각할 기회가 있었어요. 당시의 건축주는 복수의 주택을 소유하고 있었는데, 가족은 각각의 주택에 나뉘어 살아가며 각자의 자유로운 생활을 소중히 여겼지요. 우리가 설계한 주택도 가족 중 한 명만을 위한 주택으로, 설계 당시 '이런 주거 방식도 있구나'라고 생각했습니다. 하지만 앞으로는 이런 주거 방식이 늘어날 가능성이 있다고 생각해요. 일본에서는 벌써 예전에 1세대 1주택이란 개념이 자리 잡았고, 숫자로 보면 주택은 현재 공급 과다니까요. 그러니 한 가족이 복수의 주택을 소유하고 그 주택에 분산되어 생활하는 일이 늘어난다고 해도 이상하지 않을 거예요.

왼쪽 : 가로 문살을 쌍으로 배열한 한국식 장지 디자인. 역광이기 때문에 잘 보이지는 않지만,
문종이를 문살 앞쪽으로 발랐는데, 이 역시 한국식이다.
세로 문살이 발코니 난간 문살과 똑같아 보이기도 하는데, 아마 이는 우연의 산물일 것이다.
오른쪽 : '2인용 침대칸' 내부 같지만, 버젓한 침실이다.
천장이 뚫려 있기 때문에 침대칸 같은 폐쇄감은 느껴지지 않는다.

그 당시 대담자 중 한 사람이 기타야마 고北山恒 씨였는데, 그 역시 '멀티 해비테이션multi habitation(복수의 거주지)'이라는 단어를 사용하면서 "선택지가 많은 쪽의 인생이 행복과 연결된다"라는 발언을 하기도 했습니다. 이야기 순서가 바뀌었습니다만, '새로운 주거 방식이 시작되었다'(〈신건축〉 2010년 10월 호)가 그 대담의 제목이었습니다. 그러니 지금까지의 제 생각과는 달리, 깨닫지 못하는 사이에 저와 아내는 자연스레 '분거'를 했던 것이었고, '새로운 주거 방식'을 실천하고 있었던 것이지요!

사실 기노시타 씨 자신도 '분거파'였습니다. 그것도 한 장소가 아닌, 시즈오카의 '아타미熱海'와 도쿄의 '노기자카乃木坂'라는 성격이 다른 두 장소에 '분거'를 소유하고 있습니다.

기노시타 씨는 일본에서 태어나 미국의 대학원(하버드)을 졸업하고 일본으로 귀국할 때까지 24년 동안 스무 번이나 이사를 경험한, 방랑의 강자입니다. 이사한 지역을 살펴보면, 미국에서는 뉴욕, 스탠퍼드, 볼티모어, 영국에서는 케임브리지, 그 외에도 이탈리아의 피렌체까지 포함되어 있습니다. 이러한 내력 때문일까요? 기숙사나 하숙집이 지닌 '임시 거주 공간'적인 홀가분함을 주거 자체에서 추구하는 감각이 길러진 것은 아닐까 하는 상상을 마음대로 해보게 됩니다. 만약 그렇다면 방랑벽이 있는 저와 그녀 사이에 '홀가분함'이라는 공통점이 생기겠지요.

바로 지척에서 동지를 얻은 것 같은 기분이 든 저는 곧바로 기노시타 씨에게 그 두 곳의 '분거'를 견학하고 싶다는 의견을 전했습니다.

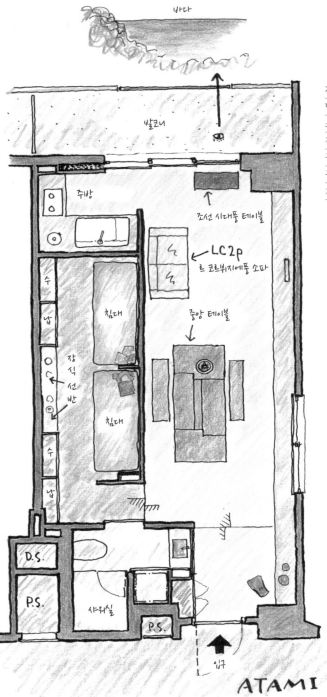

바다

발코니

주방

조선 시대풍 테이블

LC2p
르 코르뷔지에풍 소파

중앙 테이블

수납

장식 선반

침대

침대

수납

D.S.

P.S.

샤워실

P.S.

입구

ATAMI

건축 개요

명칭 : 분가-A

소재지 : 시즈오카 현 아타미 시

전유 면적 : 42.32㎡

규모 : 지하 2층, 지상 13층(전체)

구조 : 철근 콘크리트

개·보수 설계 : 기시 와로(K 어소시에이츠, 아키텍츠)

상쾌하게 맑은 어느 가을날, 분거의 취재와 견학, 촬영은 아타미에서 먼저 시작되었습니다. 눈앞으로 사가미 만相模湾이 펼쳐진 리조트 맨션(휴양지의 고급 아파트-옮긴이)이라고 들었기 때문에 아무래도 한낮의 태양 빛 속에서 태평양을 바라보고 싶었기 때문이지요. 아타미 역에서 도보로 몇 분밖에 걸리지 않는 대형 리조트 맨션은 완공 후 35년 된 건물로, 기노시타 씨는 "관리가 잘되어 있고 편의 시설도 충실하다는 점이 마음에 들었다"라고 말합니다. 이 리조트 맨션에는 옥외와 옥내의 풀장, 온천 목욕탕, 세탁실, 레스토랑, 게스트 룸, 도서관은 물론, 심지어 가라오케 룸까지 있으니 편의 시설이 정말 빈틈없이 갖추어져 있습니다. 이러한 충실한 편의 시설을 갖출 수 있는 것은 400가구가 넘는 대형 리조트 맨션이기 때문일 겁니다. 버블 경기 붕괴 이전에 세워진 까닭인지, 건물 전체의 분위기가 여유롭고 너그럽다는 것이 다른 무엇보다 좋은 느낌을 주었습니다. 거주자와 방문객의 긴장을 풀어주고 리조트 기분이 들게 해주는 것은 그런 분위기 때문이겠지요.

기노시타 씨의 집은 8층입니다. '철문'이라는 말이 딱 어울리는 버블 시대 특유의 스틸 도어를 열고 들어가니, 토끼굴 같은 길쭉한 방이 일직선으로 바다를 향해 있었습니다. 바로 정면, 바다가 보일 것이 분명한 개구부가 장지문으로 가려져 있었는데, 장지문을 통해 확산된 자연광이 물기 없는 안개처럼 실내 구석구석 떠다니고 있었지요. 그 방에 한 발 들어서자마자 '한국식', '한류'라는 말이 번뜩 떠올랐습니다. 찬찬히 생각해보면, 장지문의 디자인과 문살 안쪽에 종이를 바르는 방식이 한국식이라는 점, 그리고 그 앞에 조선 시대 느낌의 테이블이 놓여 있기 때문이겠지만, 한국 전통 민가 같은 곳에 깃들어 있는 독특한 기운을 실내에 충만한 공기 자체에서 이미 직감적으로 감지했기 때문일 겁니다. 정면 오른쪽에는 침실 공간과 거실을 구분 짓는 벽이 야무진 표정으로 서 있고, 그 짙은 갈색 가벽이 공간에 악센트가 되고 있기 때문에, '흰색 인상'과 '한국식 인상'을 좀 더 강조하는 듯 보였습니다.

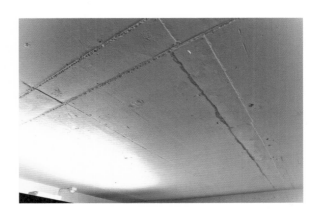

흰색이라는 말을 쓰고 보니 천장이 먼저 기억나네요. 콘크리트 슬래브에 곧바로 흰색으로 도장되어 있었는데, 원래 이 부분은 천장 속에 숨겨지는 부분입니다. 그렇기 때문에 어느 정도 시공은 아무렇게나 했다고 볼 수 있고 베니어 형틀을 덧댄 거친 모양이 그대로 드러나 있었습니다. 그러나 그것이 상당히 매력적인 표정을 하고 있습니다. 한국의 실내는 벽, 천장 할 것 없이 전부 하얀 한지를 바르는데, 그 한지를 이음매를 연상하며 분거 천장의 아름다운 모양에 잠시 마음을 뺏기고 말았습니다.

앞서 썼듯, 실내는 직사각형의 길쭉한 쪽 방향으로 가벽을 통해 구분되어 있습니다. 그러나 그 가벽이 천장까지는 닿지 않기 때문에 원룸과 상당히 가깝게 느껴집니다. 그리고 그 가벽으로 구분된 침실 공간에는 침대 두 개가 나란히 놓여 있었는데, 이 공간이 가늘고 긴 복도식 공간이기 때문에 어딘가 모르게 유럽의 '쿠셰트couchette(배나 기차의 간이침대칸-옮긴이) 같은 분위기입니다. 눈앞에 보이는 한 면 가득한 풍경이 바다와 하늘이기 때문에 코트다쥐르(프랑스 남동부부터 이탈리아 국경에 이르기까지 연결된 해안 관광지-옮긴이)를 질주하는 침대차를 탄 듯한 기분이라고나 할까요.

참, 깜빡할 뻔했는데, 예전에 이 분거는 건축가 기시 와로岸和郎 씨의 방이었습니다. 리모델링 디자인도 기노시타 씨가 아닌, 또 다른 건축가인 후지오카 아라타藤岡新 씨와 함께 기시 와로 씨가 한 것이지요. 기노시타 씨는 이 맨션의 환경과 인테리어 디자인이 마음에 들어 손보지 않은 방을 기시 씨에게 양도받은 것이었습니다.

여기까지 쓰고 보니, 예전에 기노시타 씨가 술자리에서 "내 뿌리는 아마 한국인 것 같아요"라고 한 말이 문득 떠올랐습니다. 그 방에 떠돌던 향기가 기노시타 씨의 멀고 먼 선조의 피를 불러낸 것인지도 모르겠다는 생각이 들기도 했습니다.

위 : 천장은 콘크리트 슬래브를 드러낸 채, 흰색으로 도장되어 있다.
베니어 판형의 무작위적인 이음매가 한지를 겹쳐 붙인 면처럼 상당히 아름답다.
아래 : 태평양을 조망할 수 있는 발코니에서 바다를 등지고 선 기노시타 씨와 한 컷.
발코니는 거실 바닥과 높이가 거의 같고 나무 덱으로 마감해 더 넓게 느껴진다.

아타미의 분거를 뒤로하고 노기자카의 분거로 향했습니다.

이곳의 분거 역시 신축이 아닌, 완공 후 32년 된 아파트입니다. 아타미와 마찬가지로, 문을 열면 일직선으로 길쭉한 원룸 공간입니다. 정면 개구부 너머로 는 불이 켜진 도쿄 타워가 단정히 놓인 장식품처럼 우리를 기다리고 있었습니다. 아타미와 노기자카의 정확한 면적은 모르겠지만 방의 폭과 길이는 거의 같은 듯 했습니다. 그러나 천장의 형태와 높이가 전혀 달랐지요. 아타미의 천장은 평평하 고 다소 낮은 편이지만, 노기자카의 천장은 경사 제한의 형태가 그대로 실내에 드 러나 있어, 오른쪽으로 급경사를 그리며 올라가 방 한가운데 근처에 도달해서야 비로소 평평한 천장이 됩니다. 최종적으로 천장 높이는 3.5미터 정도 되지요. 토 끼굴 같은 형태의 가늘고 긴 평면형과 변형 오각형 방의 단면 형태가 서로 어우러 져 시원시원한 공간이 탄생했습니다. 그리고 그 시원스러운 공간이 말끔하게 정리 정돈되어 있어 살림에 찌든 느낌이 전혀 없습니다. '세련'이라든가 '도시적'이라는 말 로 표현하면 다소나마 그 뉘앙스가 전달되리라 생각합니다. 정면을 바라보고 오 른쪽 구석의 낮은 경사 천장 코너에는 편백 목재로 만든 느낌 좋고 푹신푹신한 침 대가 공간 안에 쏙 들어가 있습니다. 기노시타 씨의 일은 일본 국내에만 한정된 것 이 아니라 해외에까지 뻗어 있습니다. 거기다가 대학교수 직까지 맡고 있으니 상당 한 격무인 것이지요. 그러니 기노시타 씨에게 그 침대란 휴식과 편안한 잠자리의 요람이며, 그녀의 왕성한 활동에 원동력이 되어주고 있음이 틀림없습니다.

노기자카의 분거. 발코니에서 입구 방향을 바라본 모습.
경사 제한의 형태 그대로가 실내에 드러나 있는 다이내믹한 공간이다.
그림이 걸려 있는 정면 벽 뒤쪽에 샤워실과 화장실이 있다.

정면에 도쿄 타워

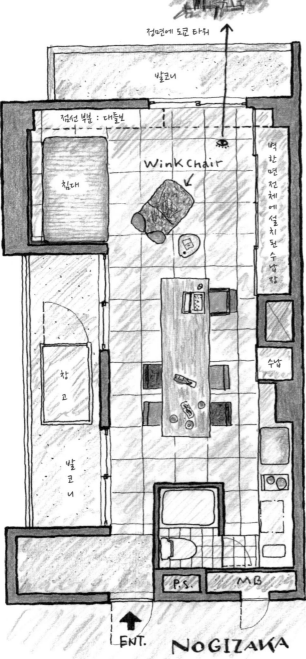

발코니

점선 부분 : 대들보

침대

Wink Chair

벽 한 면 전체에 설치된 수납장

창고

발코니

수납

P.S.   MB

ENT.   NOGIZAKA

건축 개요

명칭 : 분거-N

소재지 : 도쿄 미나토 구

전유 면적 : 36.76㎡

규모 : 지하 1층, 지상 6층(전체)

구조 : 철근 콘크리트

개·보수 설계 : 구와야마 히데오

(구와야마 디자인 사무소)

기노시타 분거의 특징과 볼거리는 공간뿐만은 아닙니다. 마감재의 선택과 그 취급에서도 특징을 찾을 수 있지요. 편백 목재, 흰색 도장재를 뿜어 마감한 콘크리트 들보와 천장의 나무 부스러기 판자, 바닥에 깔린 재생 알루미늄 평판 등, 다른 소재끼리 어울려 서로 공명하면서 절묘한 하모니를 이룹니다. 그리고 맑은 소프라노 노랫소리 같은 가구의 선명한 색감이 그 하모니에 색채를 더하고 있었지요.

기노시타 씨는 노기자카의 개·보수 설계를 인테리어 디자이너인 구와야마 히데야쓰 씨에게 의뢰했습니다. 기본 설계 구성을 전한 후 그 뒤의 일은 구와야마 씨에게 전적으로 맡겼다고 합니다.

"자기 집을 다른 디자이너에게 의뢰하다니, 배짱 좋네요" 하고 말하니 "한 번 정도는 설계 의뢰인이 되어보고 싶었어요. 그 기분, 나카무라 씨도 잘 아시죠?"라며 개구쟁이 같은 눈웃음을 보이는 기노시타 씨였습니다.

왼쪽 : 발코니 정면으로 도쿄 타워의 불빛이 보인다. 개인적으로 도쿄 스카이 트리보다 도쿄 타워를 더 좋아한다. 향수를 자극하고 애수도 느껴지는 풍경이니 잔잔한 가요를 틀면 어울릴 것 같다.
오른쪽 : 서쪽 벽 한 면에는 커다란 붙박이 수납장이 설치되어 있다. 상부의 물건을 꺼내기 위해 도서관에서 쓰는 이동식 사다리까지 준비해두었다.

편백 목재판으로 감싸인 침실 코너. 노출 콘크리트, 집성판, 알루미늄 바닥재 등, 실내를 구성하는 것들이
딱딱한 무기질 재료이기 때문에 더더욱 이곳이 포근한 요람처럼 느껴진다.

노출된 설비 배관도 흰색으로 칠해져 있다. 마치 공중에 전시된 오브제 같다.
흰 벽과 회색 톤의 가구 속에서 빨간 의자와 장미의 색깔이 더 선명해 보인다.

1층 라운지 피트의 고정 창.
보시다시피, 창밖에는 훌륭한 설경이 펼쳐져 있다.
아카사카 씨와 내가 살짝 기대고 있는 창틀 높이는 원래 1층 바닥과 같았지만,
공사 도중에 좀 더 땅을 파내 지면 아래로 내려가도록 만들었다.

아카사카 신이치로赤坂真一郎

보통의 집

2010년 홋카이도 삿포로 시

삿포로의 젊은 건축가, 아카사카 신이치로 씨가 자신의 집을 짓고 있다는 것, 그리고 그 부지가 주택가에서 떨어진 어느 숲의 경사지에 있다는 사실을 아카사카 씨 본인에게 들어 알고 있었습니다. 염가로 땅을 손에 넣은 후, 쉽지 않은 그 땅에 자택을 짓는다는 생기발랄한 도전 정신이 대단하다고 생각하면서 그 이야기에 귀를 기울였지요.

2010년 늦은 가을, 그 집이 완성되었습니다. 그리고 그 집을 견학할 기회가 생각보다 빨리 찾아왔습니다. 보통이라면 완성 후 어느 정도 시간이 지나, 생활의 냄새가 배어들기 시작할 때가 견학하기 좋은 시점이라고 생각하지만, 이 주택에 한해서는 빨리 보러 가도 좋다고 여겨져(아카사카 씨의 집이라면 시간이 지난다고 해도 그다지 생활감이 물들지 않을 것이라는 결론을 제 마음대로 내렸습니다) 길을 나선 것이었습니다.

취재한 날은 홋카이도 전역이 몇 년 만의 폭설로 뒤덮인 그다음 날이었습니다. 다행히 취재 당일은 그 전날까지 눈보라가 휘몰아쳤다는 사실이 믿어지지 않을 만큼 포근하게 날이 개었습니다. 기온도 올라 이른 봄을 연상시키는 따뜻한 날이었지요. 하지만 당연하게도, 건물은 깊은 눈에 파묻혀 있었습니다. 눈이 많은 지역의 건물은 설경과 어울리길 바라는 마음이 있는데, 눈모자를 쓴 입방체의 건물이 어딘가 그림책 속에 등장하는 건물 같아서 상당히 사랑스러워 보였습니다.

위 : 하절기, 숲 멀리에서 바라본 건물.
외벽의 짙은 갈색은 따로 색을 도장한 것이 아니라, 낙엽송 판재를 훈연 처리할 때 생겨난 색이다.
건물 근처로 가거나 현관에 들어가거나 하면, 어디선가 맛있는 스모크 향이 난다.
아래 : 눈이 온 숲 너머로 바라본 건물. 벽과 개구부를 단호히 분리한 디자인이 눈에 띈다.
개구부의 개수와 배치에서 아카사카 씨의 세심한 검토 흔적을 엿볼 수 있다.

자, 그럼 이제 '보통의 집'이라 이름 붙은 이 주택에 대해 간단하게 설명해 볼까 합니다. 2층 건물인 보통의 집은 부지가 급한 경사지이기 때문에 도로에서 다리를 건넌 2층을 통해 출입합니다. 1층 부분에는 현관과 주방, 세면, 욕실 이외에도 화장실과 다용도실 등, 물을 쓰는 공간이 모여 있고 거기에서 570밀리미터 정도 아래로 내려간 곳에 식당이 있습니다. 식당에 가기까지의 과정을 되돌아보면, 우선 도로에서 네 단 정도 계단을 내려와 다리를 건넌 후 현관에서 세 단 아래로 내려가 식당으로 향합니다. 즉, 계속 아래로 내려가게 되는 것이지요. 올려다본 천장도 부드럽게 아래를 향해 경사져서 내려가게끔 해놓아, 현관홀에서 식당을 향해 갈수록 차츰차츰 낮아지도록 되어 있습니다. 하지만 천장이 낮아지는 것은 계단을 다 내려설 때까지만이고, 다 내려선 후부터는 반대로 천장이 높아져갑니다. 간단히 말해, 아주 완만한 V자 형태의 천장인 것이지요. 그렇게 계단을 다 내려서면, 차츰 좁아져가던 공간 분위기가 한순간에 열리고, 고정 창 프레임으로 잘린 숲의 경치가 전방 오른쪽에서 우리를 기다리고 있습니다.

"그랬군! 차를 내린 후 하강하는 의식의 흐름을 만든 건 이 풍경과 극적으로 대면시키기 위한 연출이었어!"

이런 사실을 깨닫고 부지불식간에 무릎을 친 이가 비단 저뿐만은 아니었을 것입니다. 아카사카 씨가 마련해둔 건축적 시퀀스의 '함정'에 감쪽같이 걸려들게 되니 말이지요.

여담이지만, '함정'이라 하니 또 다른 것도 떠오르네요. 다리에도 유쾌한 함정을 설치해놓았으니 더불어 살펴보도록 합시다. 눈을 치우는 수고를 줄이기 위해서라고 생각되는데, 다리는 간격이 넓은 두꺼운 철망 재질로 되어 있고, 한쪽 끝으로는 폭이 좁은 철판이 일직선으로 깔려 있었습니다. 그 철판이 자전거용인지, 아니면 고소공포증이 있는 사람을 위한 것인지 물으니 "하이힐을 신은 여성을 위한 것이에요"라는 시원스러운 대답이 돌아왔습니다. 그러고는 이런 말도 덧붙이더군요.

"폭을 좁게 만들어서, 자기도 모르는 사이 메릴린 먼로처럼 걷도록 했죠."

정말 그랬습니다. 철판을 좁게 해두니 하이힐로 평균대 위를 걷듯, 메릴린 먼로처럼 걸을 수밖에 없을 것 같았습니다. 건축에 만들어둔 이런 재미. 그것만큼 제 마음을 들썩들썩 유쾌하게 만드는 건 없지요.

'자네, 제법인데!'

마음속에서 그렇게 중얼거리고 말았습니다.

베레모 같은 눈모자를 쓴 '보통의 집'.
두꺼운 철망 재질의 다리를 건너 현관으로 들어간다.
다리 오른쪽 구석에 하이힐을 신은 여성을 위한 철판이 깔려 있다.
아무 생각 없이 그 철판 위를 걷다 보면 메릴린 먼로처럼
걷게 되니 주의하시길(본문 참조).

보통의 집 단면 이미지 그림

건축 개요

명칭 : 보통의 집

소재지 : 홋카이도 삿포로 시

가족 구성 : 부부

부지 면적 : 247.00㎡

건축 면적 : 52.99㎡

총 바닥 면적 : 97.58㎡

규모 : 2층

구조 : 목조(재래 공법)

설계 : 아카사카 신이치로

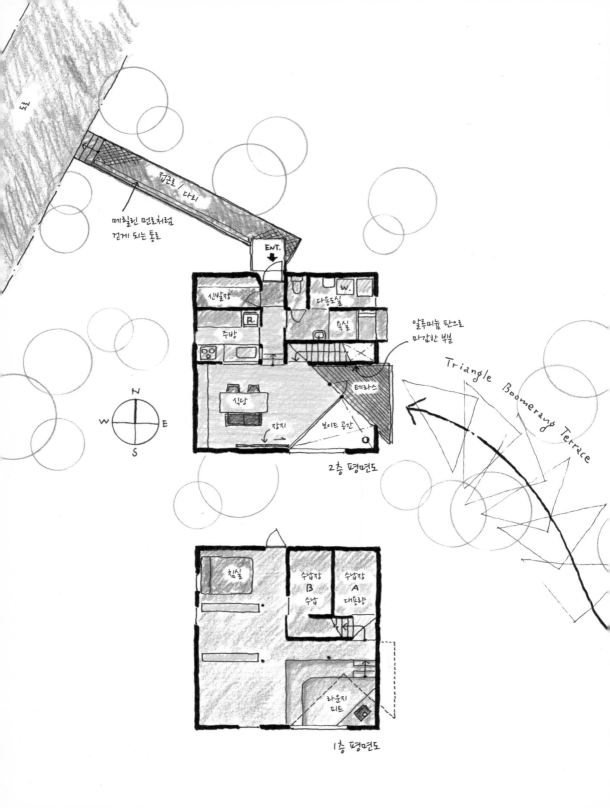

들판

검근로 / 다리

메릴린 먼로처럼
걷게 되는 통로

ENT.

신발장

R.

주방

다용도실

W.

욕실

알루미늄 판으로
마감한 부분

테라스

식당

장지

보이트 공간

N
W   E
S

2층 평면도

Triangle Boomerang Terrace

침실

수납장
B
수납

수납장
A
대응량

라운지
피트

1층 평면도

앞서 썼듯, 커다란 창밖으로 펼쳐진 숲의 경치는 압도적입니다. 직각이등변삼각형 모양의 테라스가 방을 잡아먹고 있는 탓에 식당 평면은 야구의 홈베이스 같은 오각형이 되었고, 아래층 거실을 내려다보는 보이드 공간은 찌부러진 사각형 모양입니다. 사각형 평면을 용도에 맞게 분할하는 방법도 있었을 텐데(사실 보통 다들 그렇게 하지요) 그렇게 하지 않고 일부러 '이상한 모양'으로 만드는 것이 아카사카 씨의 방식인 것이지요. 평면도를 바라보다 보면, 삼각형 테라스가 마치 숲의 나무들 사이를 피해 날아갔다 와서는 정사각형 건물에 푹 박힌 부메랑처럼 보이기도 합니다.

보통의 집에서는 커다란 고정 창, 이형의 보이드 공간, 삼각형의 베란다가 세 개의 소용돌이가 되어 시각적, 공간적, 청각적으로 압도적인 효과를 자아냅니다. 이 부분이 이 주택의 가장 큰 특징이기 때문에 아카사카 씨의 설명도 점차 열기를 띠었지요.

아카사카 씨가 테마로 삼은 것 중 하나는 '자연광'입니다. 커다란 창을 통해 들어오는 따뜻한 햇볕, 수목이 울창할 때 나뭇잎 사이로 들어오는 빛, 눈에 반사된 빛 등, 계절과 시간에 따라 빛은 천변만화千變萬化하고 시시각각 이동합니다. 그 모습을 모조리 향유하고 싶다고 그는 생각한 것이지요. 그뿐만이 아닙니다. 아카사카 씨가 커다란 장지를 서서히 닫으니, 방 전체는 금세 온화한 빛으로 가득 찬 누에고치 내부와도 같은 친밀한 공간으로 변모했습니다. 서서히 장지를 밀어 넣는 아카사카 씨의 신중한 몸짓, 장지를 닫고 난 후 짓는 회심의 미소와 만족스러운 표정. 빛의 극적인 변화는 물론, 그런 그의 모습도 꽤나 아름다웠습니다.

보이드 공간과 외부 테라스 사이의, 커다란 개구부와 마주 보는 외벽(테라스 오른쪽 벽) 한 면에는 알루미늄 판이 붙어 있었습니다. 나무로 마감한 외벽 중, 거기 한 곳만 금속 소재로 되어 있기 때문에 다소 뜬금없다고 생각할 수 있지만, 아카사카 씨의 말에 의하면 알루미늄 판이 빛의 반사판 역할과 숲의 풍경을 비추는 스크린 역할을 해준다고 합니다. 그 말을 듣고 자세히 보니, 비단막을 드리운 듯, 알루미늄 판의 표면에 바깥 풍경이 어슴푸레한 윤곽으로 비치고 있었습니다.

2층 식당에서 바라본 보이드 공간과 삼각 테라스 모습.
테라스의 알루미늄 판에 숲의 그림자가 비치는 것을 볼 수 있다.
이 삼각 테라스가 시각과 청각의 수용 장치 역할을 한다.

2층 식당 테이블 뒤로 대형 창을 통해 들어오는 직사광선을 은은한 빛으로 바꿔주는 장지가 설치되어 있다.
심플한 테이블은 아카사카 씨의 디자인이다.

여기까지는 시각적인 것에 대한 그의 궁리였고, 이제는 청각적인 부분에 대한 것입니다. 테라스가 집음 장치의 역할도 해 청각적인 효과를 주었습니다. 테라스가 삼각형이라는 것은 앞서 잠깐 언급했는데, 삼각형 형태에는 훌륭한 집음 효과가 있습니다. 알기 쉽게 말하자면, 확성기 입구에 귀를 대고 있는 것처럼, 새들의 지저귐, 계곡물 소리, 나뭇가지 끝을 스치는 바람 소리, 떨어지기 시작하는 빗방울 소리 등이 증폭되어 들립니다. 그리고 이러한 모든 시각적, 청각적 효과가 우연의 산물이 아니라 처음부터 계획된 결과라는 사실에 솔직히 저는 감탄을 금치 못했습니다. 동서고금의 주택 중, 주택이 오감을 자극하는 장치로서 이토록 적극적으로 디자인된 사례가 있었을까요?

어쩌다 보니 삼각 베란다에 지면을 너무 많이 쓴 것 같네요. 왜 이런 말을 하냐면, 또 하나의 비장의 장소가 아래층에 있기 때문입니다. 2층에서 계단을 다 내려선 곳에 있는, 두 개의 L자 모양 단으로 구성된 일종의 라운지 피트(다른 곳보다 한 단 정도 내려서 만든 라운지 공간-옮긴이)입니다. 이 라운지 피트의 특징은 단차가 크다는 것입니다. 정확히 살펴보면, 한 단의 단차가 384밀리미터이기 때문에 가장 낮은 바닥은 1층 바닥 수평에서 768밀리미터 내려가게 되는 셈이지요. 바닥 부분에는 카펫을 깔았고 바닥에 난방이 들어오기 때문에 누구든 바닥에 앉고 싶어지게 만듭니다. 그렇게 앉으면 눈앞으로 2층 정도의 높이가 되는 대형 창을 마주하게 됩니다. 게다가 오른쪽 코너에는 스토브까지 설치되어 있기 때문에 그야말로 뭐 하나 부족함 없는 공간이지요. 책상다리로 앉아도 좋고 다리를 쭉 뻗어도 좋은 공간. 아, 물론 드러누워도 좋고 말이지요. 이렇게 누구든 자신이 원하는 자세로 있을 수 있다는 점이 더 좋게 느껴집니다. 굳이 결점을 말한다면, 이 창을 통해 사계절 변화하는 숲의 풍경을 보고 있다 보면 노동 의욕을 완전히 잃어버릴 수 있다는 것이겠네요. 게으름뱅이인 저의 집에는 절대로 있어서는 안 되는 금단의 공간이겠습니다.

이 라운지 피트는 처음부터 생각해둔 것이 아니라 공사 도중 계획을 크게 수정해 만든 것이라 합니다. 이미 완성되어 있던 철근 콘크리트 바닥 슬래브를 부순 후, 새롭게 지면을 파 들어가 만들었다는 이야기를 듣고 "정말이지 대단하구나!"라는 소리가 저절로 터져 나오더군요. 그러나 이 매력적인 라운지 피트가 설계 당초에 의도한 것이 아닌, 헤매고 헤매다 변경한 끝에야 탄생했다고 하니 왠지 마음이 편해지는 듯했습니다. 사실 그렇잖아요. 아직 젊은 아카사카 씨가 아무 결점도 없고 너무 완벽하기만 하다면 귀여운 구석이 없는 건축가가 되어버리는 것 아니겠습니까?

위 : 1층 거실에서 두 단으로 나뉘어 만든 라운지 피트는 숲을 바라보기 위한 최상의 관람석이다.
보이드 공간 상부까지 대형 고정 창이 삽입되어 있다.
아래 : 숲 속에서 목욕하는 기분을 맛볼 수 있는 멋진 욕실.
바닥면에서 그대로 파 들어가 만든 것 같은 디자인. 이 주택의 키워드가 '파 들어간다'는 것이었는지도 모르겠다.

방대한 소품 컬렉션에 압도된 나머지 장식장 하나를 촬영하고 있다.
뒤로는 씩 하고 웃음 짓는 사카모토 씨.

사카모토 가즈나리坂本一成

하우스 SA

1999년 가나가와 현 가와사키 시

언덕 아래에서 올려다보면 뾰족한 모양이 특징인 하우스 SA의 지붕이 보인다.

아베 쓰토무 씨의 자택 '중심이 있는 집'을 몇몇 스태프들과 함께 찾아가 아베 씨가 직접 해준 요리를 먹은 것이 6년 전. 그것이 바로 이 연재의 첫 취재였습니다.

"그야말로 맛있는 취재네!"

곁에 있던 스태프에게 그렇게 속삭였던 것을 마치 어제 일처럼 확실히 기억하고 있습니다. 그 연재도 오늘로 마지막입니다. 흔쾌히 견학을 허락해주신 건축가 여러분, 자주 샛길로 빠졌던 방문기를 매회(혹은 가끔씩) 함께해주셨던 독자 여러분, 오랜 시간 감사했습니다.

뒤돌아보니, 국내외 건축가 자택 스물네 채를 돌아다녔습니다. 6년간이나 이 연재를 계속할 수 있었던 건, 건축가 자택을 훌쩍 찾아가 견학하고 그 집의 거주자이기도 한 건축가 본인과 잡담을 나누는 식의 소탈한 취재 스타일 때문이었다고 생각합니다.

그러나 이번 회, 사카모토 가즈나리 씨의 '하우스 SA'를 견학하면서는 '이 주택만은 그래서는 안 되겠다'는 생각에, 하우스 SA가 실렸던 잡지를 다시 들춰보고 그의 저서 《일상의 시학》(TOTO출판, 2001년)을 다시 읽어보는 등, 저로서는 드물게도 견학 전에 '예습'까지 하게 되었습니다. 왜 그런 생각을 했는지, 저로서도 제대로 설명하지는 못하겠지만, 설계하는 데 3년이나 걸렸다는 사카모토 씨의 자택을 예비 지식 없이 불쑥 찾아가서는 '상대방이 너무 강해 당해낼 재간이 없다'고 생각한 것만은 확실합니다. 치밀한 사고를 쌓아 올린 후 예민하게 벼린 독특한 감성이 뒷받침하는 작품 의도와 그 의미, 즉 사카모토 씨 주택 작품의 진가를 충분히 이해하고 있다고 할 수 없었기 때문에 늦었지만 벼락치기 공부가 필요했던 것이지요.

언덕 중간, 길모퉁이에 자리 잡은 하우스 SA. '당연한 주택을 당연하지 않게' 만들면 이렇게 됩니다.

발표 이후, 하우스 SA는 다양한 곳에서 언급된 주택입니다. 사카모토 씨 자신의 작품 해설은 물론, 평론, 인터뷰, 좌담회 등, 말하자면 '그 주택에 대해 모든 걸 이야기했다'는 느낌이지요. 그중에서도 〈이낙스 리포트〉 186호에 실린 '모더니즘의 궤적'이라는 후루야 노부아키古谷誠章 씨와 나눈 인터뷰가 특히 훌륭했습니다. 다시 읽어보니 내가 나설 자리가 아니라는 생각이 들 정도였지만, 저 역시 주택 건축가 축에나마 끼는 사람으로서 기회를 놓칠 수 없다고 생각을 고쳐먹었습니다. 이렇게나 평판 높은 주택을 견학할 수 있는 기회이니 말입니다. 그래서 일단 그 인터뷰 내용은 옆으로 제쳐두고 기대에 부푼 마음을 안고 하우스 SA를 향해 길을 나섰습니다.

　　연재 취재 날은 운이 좋게도 항상 날씨가 좋았습니다. 하우스 SA를 견학한 날도 겨울치고는 따뜻했던 맑은 날이었습니다. 가까운 역에서 내려 사진작가의 차를 타고 구불구불한 오르막길을 달려 하우스 SA로 향했습니다. 언덕을 다 올라가서 조금 내려오니 왼쪽 정면에 태양열 패널을 올린 지붕이 보이기 시작했습니다. 그리고 그 너머로 따뜻한 태양 빛 아래 햇빛바라기를 하고 있는 듯한 잡목림의 산줄기가 시야에 달려들었습니다. 차를 내려 초인종 버튼을 누르고 기다리는 동안, 오르막길을 그대로 주차 공간으로 만들어놓은 것을 바라보다가 문득 떠오른 생각이 있었습니다. 주차 공간을 현관 앞 포치 공간 겸용으로 사용하는 것이 '사카모토의 취향'은 아닐까 하는 생각이었지요. 말할 것도 없이, 이는 그가 오사카 미나세水無瀬에 지은 '미나세의 집' 평면에서 시작된 연상 작용이었습니다. 그렇게 생각하니, 부지 외형을 그대로 따라 그린 것처럼 평면 외곽이 결정된 부분도 미나세의 집과 비슷한 점이었습니다. 기하학이나 자신의 미의식을 고집하지 않고 부지 형태와 주변 환경 등, 외적 요인도 적극적으로 건축에 도입하고, 그 때문에 생겨나는 '애매함'을 용인하며 그 부분을 즐기려고 하는 그의 의도를 명확하게 느낄 수 있었지요. 그와 동시에 사카모토 씨가 어떤 좌담회에서 "순수하기만 해서는 재미가 없다"라고 했던 말도 떠올랐습니다.

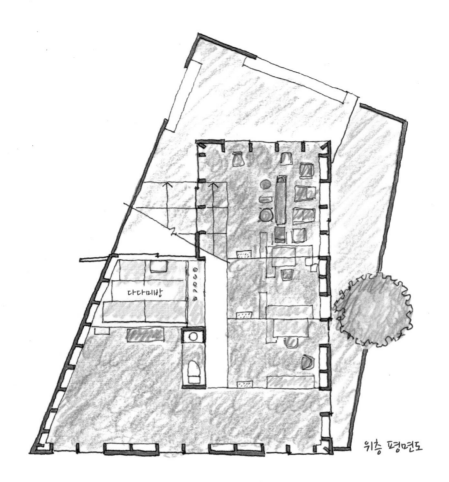

다다미방

위층 평면도

건축 개요

명칭 : 하우스 SA

소재지 : 가나가와 현 가와사키 시

가족 구성 : 부부

부지 면적 : 178.61㎡

건축 면적 : 82.00㎡

총 바닥 면적 : 127.19㎡

규모 : 지하 1층, 지상 2층

구조 : 목조+철근 콘크리트

설계 : 사카모토 가즈나리 연구소

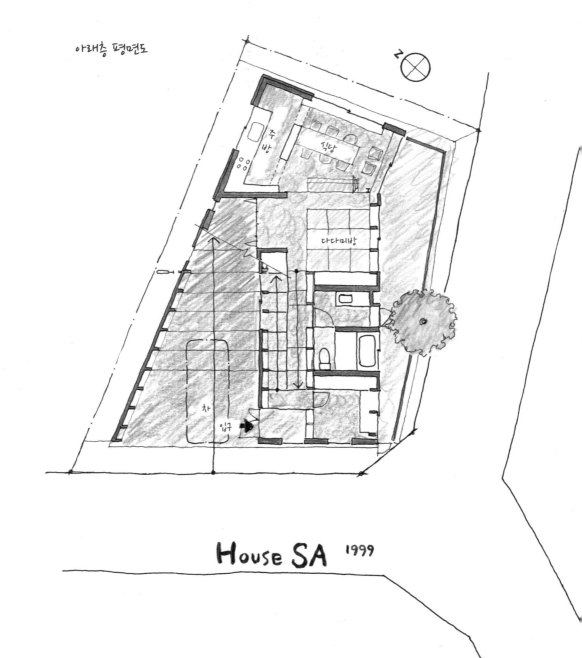

주방

식당

다다미방

차

입구

N

House SA 1999

외관에서는 상상되지 않던 커다란 공간의 확산.
언덕길을 통해 잡목림 산등성이를 향해 내려가는 것 같은 착각이 들 정도다.

논두렁길을 다 내려가면 마주치는 다이닝 공간.
테이블 주변으로는 의자 컬렉션이 놓여 있고.
식탁 뒤 장식장에는 커피 잔, 창틀에는 꽃병 수집품이 놓여 있다.

사카모토 씨 부부가 문 앞에서 환한 웃음으로 저희를 맞아주셨습니다. 드디어 실내로 들어섰습니다. 현관이 위층과 아래층 중간에 있었기 때문에 일순 갈림길에 서 있는 것 같은 기분이 들었지요. 일단은 먼저 언덕길 같은 부드러운 경사 계단을 내려가기로 했습니다. 바깥의 밝은 빛에 익숙해져 있던 눈에는 현관이 약간 어슴푸레하게 느껴졌지만, 다이닝 공간인 아래층으로 내려가면서 차츰 밝아지기 시작했습니다. 언덕길과 호응하듯 변화하는 명암의 그러데이션도 이 주택의 숨겨진 테마일지 모르겠다는 생각이 들었습니다. 그렇게 언덕길을 다 내려서자 커다란 다이닝 테이블이 있는 공간에 다다랐습니다. 완만하게 흘러온 물이 고요한 웅덩이를 만들듯, 이 다이닝 테이블 주위로 사람의 마음이 흘러들어 자리를 잡게 만듭니다. 식탁 뒤 유리 장식장 속에는 유서 깊은 듯 보이는 커피 잔, 찻잔 컬렉션이 죽 늘어서 있었는데, 안타깝게도 저에게는 어울리지 않는 고급스러운 것들 뿐. 그중 하나는 이탈리아 명품 도자기인 '리차드 지노리'의 희소한 한정품이기도 했습니다.

편안한 느낌의 다이닝 테이블 앞을 떠나, 이번에는 좀 전에 내려왔던 언덕길을 되돌아 올라갑니다. 현관 앞에서 길을 꺾어 좀 더 올라가니 테라스와 접한 거실(과도 같은) 공간에 도착합니다. 테라스 건너편은 천장이 높고 개방적인 공간인데, 차츰 낮아져가는 거리 풍경과 잡목으로 무성한 산 풍경을 조망할 수 있는 공간입니다. 그 공간에서 잠시 한숨을 돌린 뒤, 다시 한 번 길을 꺾어 좀 더 오르다가 막다른 곳에서 또다시 길을 꺾어 오르니 다다미가 깔린 침실 공간에 도달합니다. 여기가 언덕의 최정상 부분이지요. 사카모토 씨는 "나선형 구성을 통해 공간이 연속적인 확산되기를 꾀했다"라고 했는데, 그 목적이 훌륭히 달성되었다고 할 수 있습니다. 또 가장 위에서 내려다보니 "계단식 논과 같은 그러데이션을 의도했다"라는 사카모토 씨의 말이 쿵 하고 가슴에 와 박힙니다. 이 주택이 계단식 논과 그 옆을 따라 도는 논두렁길로 이루어져 있다고 생각하니 말끔하게 정리가 되네요.

침실 공간에서 내려다본 '계단식 논'과 '논두렁길'.

'논두렁길'이라는 단어가 떠올랐으니, 이제부터는 주택 내부를 오르내리는 넓은 계단을 논두렁길이라 칭하겠습니다. 그 논두렁길을 오르내릴 때, 모두의 넋을 잃게 만드는 것이 있습니다. 주변 선반에 장식된 도자기, 잡화, 장난감, 민예품 등 방대한 소품 컬렉션입니다. 크기, 색깔, 형태, 분위기, 배후에 품고 있는 이야기까지 서로 다른, 동서고금을 넘나들며 모은 소품들이 부즉불리不即不離의 절묘한 거리감을 지키며 장식되어 있습니다. 그리고 그 소품들이 유리 장식장 속뿐만 아니라(성에 차지 않았던 걸까요?) 선반이라는 모든 선반, 평평한 면이라면 어디든 진출해 의기양양한 얼굴로 듬직하게 자리 잡고 있습니다. 독일 출신 가구 디자이너 미하엘 토네트 Michael Tohnet의 혼들의자 위에 봉제 인형들이 사이좋게 어깨를 기댄 채 자리를 잡고 있는 식이었지요. 소품을 좋아하는 취미는 아마도 안주인의 영향일 것이리라 짐작하긴 했지만, 혹시나 싶어 사카모토 씨에게 이런 질문을 해보았습니다.

"소품을 모아 장식하는 건 어느 분의 취미신지요?"

그러자 사카모토 씨는 "글쎄, 자네는 누구라고 생각하나?"라며 알쏭달쏭한 얼굴로 빙긋 웃을 뿐, 진실은 밝혀내지 못했지요. 여기서 덧붙여 둬야 하는 사실은 사카모토 씨 자택의 컬렉션이 소품만은 아니라는 점입니다. 세계적인 명작 의자, 앤티크 의자가 둘 곳 없을 만큼 빽빽하게 놓여 있고, 아프리카 침대, 조선 시대의 소반, 오동나무 장롱은 물론, 벽에는 화사한 색감의 민예품 의상과 앤티크 시계가 장식되어 있으니까요. 이런 방대한 수집품에 둘러싸인 생활, 거기에서 저는 건축가 찰스 임스와 화가 이노쿠마 겐이치로猪熊弦一郎의 집을 연상하게 되었습니다. 그 두 사람의 집도 세계 각국의 민예품, 장난감 같은 것들의 박물관 같았기 때문이지요. 그 둘의 수집품은 이게 누구 건지 모를 정도로 서로 비슷하지만, 가장 비슷한 점은 둘 모두 각각의 수집품을 자신의 작업에 '교재'로 삼았다는 점입니다. 수집품에서 직접적인 영향을 받았다고 생각되는 것들이 여럿 있었던 것이지요. 그렇다면 사카모토 씨는 어떨까요? 이번에도 빙긋 웃는 걸로 끝낼지 모른다고 생각하면서도 그것에 대해 여쭤보았습니다. 밑져야 본전이니까요. 그랬더니 이번에는 단호한 말투로 이렇게 대답했습니다.

"나는 사물에서 직접 배우지도 않고 영감을 받지도 않아요."

왼쪽 : 논두렁길 중간에 현관홀이 있기 때문에 어느 쪽으로 가야 할지 잠시 망설였다.
오른쪽 : 논두렁길을 다 올라간 제일 윗부분에 다다미를 깐 침실 공간이 있다.
비딱하게 올라가는 베니어합판 천장을 보니 '홀치기 염색한 다도용 수건'이 연상된다.

제게는 이런 그의 대답이 건축을 마주할 때의 자세, 혹은 신념의 표명처럼 들렸습니다. 사카모토 씨에게 건축이란 어디까지나 이성과 사고의 산물이라는 것이지요.

견학을 마치고 돌아온 후, 하우스 SA에 대한 것들이 머릿속을 떠나지 않았습니다. 무언가 중요한 것을 놓치고 온 듯해 마음이 정리되지 않았던 것이지요. 그러다가 어느 순간 불현듯, 제가 놓친 것의 정체를 알게 되었습니다. 견학 당일, 차를 타고 하우스 SA 앞까지 갔습니다만, 그래서는 진정으로 그 집을 견학했다고 할 수 없다는 사실을 깨달은 것입니다. 역에서 출발해 구불구불한 언덕길을 천천히 산책하듯 걸으며 그 집에 도착했다면 발걸음과 의식이 아주 자연스럽게 건물 내부의 논두렁길과 연결되었을 것이라는 생각이 들었지요.

한 달 후, 다시 한 번 하우스 SA의 외관을 보기 위해 길을 나섰습니다. 이번에는 역에서부터 걸어갔습니다. 언덕 아래에서 건물을 올려다보니 직사각형의 외벽 상부로 곡면 지붕의 뾰족한 부분이 슬쩍 보이더군요. 실내에서 그 부분을 봤을 때, 비틀려 올라가는 베니어합판 천장이 '홀치기 염색한 다도용 수건' 같다고 생각했는데, 밖에서 보니 '큐피'(미국의 일러스트레이터 로즈 오닐이 큐피드를 모티브로 만든 캐릭터-옮긴이)의 머리칼처럼 매력적이었습니다. 생각했던 대로, 외부의 언덕길과 건물 내부의 논두렁길은 머릿속에서 제대로 연결되었습니다.

두 번째 견학에서 특히 인상에 남은 것은 건물의 외관과 규모가 주는 느낌이었습니다. 약간 작게 느껴지는 독특한 그 규모감 속에 사카모토 씨다운 분위기가 잘 드러나 있다는 생각이 들었지요.

"당연한 주택을 당연하지 않게 만들고 싶어요. 그렇게 하기 위해서는 규모를 작게 하는 게 좋죠."

첫 견학에서 그가 조용히 했던 이 말이 귓가에 들려오는 것 같았습니다.

20세기 건축계의 대부라 일컬어지는 건축가 필립 존슨(1908~2005)은 거침없이 자유롭게 자기 하고 싶은 대로 작품 활동을 했다고 생각되지만, 그런 필립 존슨에게도 '건축주'라는 괴물은 어쩔 수 없는 존재였던 모양입니다. 존슨 자신이 등장해 코네티컷 주, 뉴 케이넌의 자택 건물을 안내하는 내용의 다큐멘터리 영화 〈괴짜 건축가의 다이어리Diary of Eccentric Architect〉에서 그는 이런 말을 합니다.

"건축주란 인간들은 최악이야. 내게 있어 유일하게 훌륭한 건축주는 나 자신뿐이지!"

잔뜩 빈정거리는 그 장면에 묘하게 공감했던 기억이 납니다. 필립 존슨은 자택인 '글라스 하우스'라는 걸작으로 화려하게 건축계에 데뷔했으며, 흔들림 없이 그 지위를 지킨 건축가입니다.

'건축적인 읽을 것'을 연재해보자는 연락이 왔을 때, 필립 존슨의 말이 제일 먼저 떠올랐습니다. '최고의 건축주'와 함께 작업한 결과물인 건축가 자택을 방문해 둘러본다는 기획은 그렇게 해서 탄생하게 된 것이었지요.

하지만 곧 시작해야 할 단계에 이르렀을 때, 제목 때문에 약간 삐걱거렸습니다. '건축가의 자택 방문'을 제목으로 삼기에는 너무나 평범해 재미가 없기도 했고, 제목이 정해지지 않으니 취재의 중심이 잡히지 않은 것 같아 의욕이 생기지 않았던 거지요. 궁리 끝에 생각해낸 것이 'Architect at Home'이라는 제목이었습니다. 제목을 정하자마자 신기하게도 어디선가 한바탕 바람이 불어왔고, 연재는 순풍에 돛을 단 듯 진행되기에 이르렀습니다.

마지막으로, 이 책을 낳은 부모이자 길러준 부모, 더군다나 태평하기만 한 저를 질타하고 격려하는 역할을 맡아준 편집자 모리토 노기森戸野木 씨, 사진작가로(가끔은 운전사로) 취재에 동행해 평온함 가득한 사진을 찍어주신 아이하라 이사오相原功 씨에게 감사의 마음을 전하고 싶습니다.

그리고 연재하는 동안, 자주 샛길로 빠졌던 이 글을 따뜻한 시선으로 지켜봐주신 독자 여러분들께 진심으로 감사의 말씀을 드립니다.

건축가가 사는 집

1판 1쇄 발행 2014년 3월 17일
1판 6쇄 발행 2021년 11월 22일

지은이 나카무라 요시후미
옮긴이 정영희
펴낸이 이영혜
펴낸곳 ㈜디자인하우스

편집장 김선영
홍보마케팅 박화인
영업 문상식, 소은주
제작 정현석, 민나영
미디어사업부문장 김은령

출판등록 1977년 8월 19일 제2-208호
주소 서울시 중구 동호로 272
대표전화 02-2275-6151
영업부직통 02-2263-6900
홈페이지 designhouse.co.kr
인스타그램 instagram.com/dh_book

ISBN 978-89-7041-618-2 13610

디자인하우스는 독자 여러분의 소중한 아이디어와 원고 투고를 기다리고 있습니다.
원고가 있는 분은 dhbooks@design.co.kr로 개요와 기획 의도, 연락처 등을 보내 주세요.